NV SI KAO ZHE

女思考者

毕淑敏 /著

中国文联出版社

图书在版编目（CIP）数据

女思考者/毕淑敏著 . – 北京：中国文联出版社，2009.4
ISBN 978 – 7 – 5059 – 6375 – 7

Ⅰ. 女… Ⅱ. 毕… Ⅲ. 散文 – 作品集 – 中国 – 当代 Ⅳ. I267

中国版本图书馆 CIP 数据核字（2009）第 045793 号

书　　名	女思考者
作　　者	毕淑敏
出　　版	中国文联出版社
发　　行	中国文联出版社 发行部(010 – 65389150)
地　　址	北京农展馆南里 10 号(100125)
经　　销	全国新华书店
责任编辑	叶　巍　杨爱荣
责任校对	师自运
责任印制	刘秋月　李寒江
印　　刷	北京市凯鑫彩色印刷有限公司
开　　本	640×960　1/16
印　　张	12.5
插　　页	2 页
版　　次	2009 年 4 月第 1 版第 2 次印刷
书　　号	ISBN 978 – 7 – 5059 – 6375 – 7
定　　价	20.00 元

您若想详细了解我社的出版物
请登陆我们出版社的网站 http://www.cflacp.com

目
录

女思考者

家是有生命的精灵

家的疆域
爱情没有快译通
幸福的镜片
飘扬的长发与幸福的人生
成千上万的丈夫

爱情没有快译通

我和朋友做过一个游戏,很有趣。

你说你也想做,好啊,我希望大家都有机会参与,别看我们都已是成人,其实每个人心底都埋着一颗喜爱玩耍的种子。我先来讲一讲规则,所有的游戏都是有规则的,要想玩得好,就得守纪律,要不就乱了套了。

那规则就是——找一张白纸,写上你的一个常常出现的情绪,比如说——愤怒、怀念、孤独、忧郁等等。哦,看到这里,你可能要说,都是让人懊丧的情绪啊?正面的可不可以写呢?当然可以啦,比方高兴、喜悦、慈爱、关切等等,都行。

好了,现在你已写好了自己的想法。把那张藏着你的秘密的纸条对折,然后让它安安稳稳地平躺在桌上,一副大智若愚的模样,暂时谁也不让看。

此刻它就像一个沉睡的蚕宝宝,一动不动地眠着,只有到了揭开谜底的时分,才带着长长的思绪,飞出美丽的白蛾。

然后你找一个人,最好是对你比较了解,你把他当作知心朋友的人。你对他或她说,此刻,我正被一种情绪缠绕着,满心念的都是它。现在,你猜猜看,那是一种什么思绪?

他或她肯定会说,我又不是你肚子里的虫,我怎么会知道?

你说,别急啊,我会给你线索,这就是我的表情。平日当我被这种情绪笼罩的时候,我就做出这副模样,你猜猜看。

说完以上的话以后,你就坐到他对面(为了叙述方便,我就不论男女,都用"他"字了),最好找一个光线明媚的地方,让你的一颦一笑,都让他尽收眼底。好啦,现在你心里默念着刚才写在纸上的字,脸上做出你沉浸在这种思绪中时对应的表情,也可以辅助身体的语言。比如,你平日愁苦的时候,蛾眉紧锁,杏眼低垂,再加上挂着腮帮子,耷拉着头……总之,不要刻意表演,越自然,越像生活中真实的你越好。

你保持如此的表情和姿势一分钟后,就可以恢复常态了。然后让你的朋友说出,刚才你在想什么?

他或许会沉默,会思索,会疑惑……注意啊,你一定要有足够的耐心,并且有克制力,不可提示,不可启发,不可诱导。否则咱们就前功尽弃啦。

依我和朋友玩过多次的经验,此时绝大多数的人会沉思良久,好像他们面对的不是一个朝夕相处耳濡目染的大活人,而是恐龙什么的,然后久久不吭声。最后在大家都等得你不耐烦的时候,才迟迟疑疑地吐出一个词,比如"苦闷……""孤单……"等等,然后忙不迭地打开桌上的纸条。一看之下,半晌不语,那答案和猜测往往风马牛不相及。

比如一个美丽的女孩子,做出眺望远方的模样。她的男友猜测——你是在想家! 想父母! 她呸了一声说,糊涂虫,我是在想你! 男友说,我不就在你身边吗? 当你出现这种神态的时候,我总是吓得屏气息声,不敢打破沉默。我不知道自己哪点没有做好,惹得你不满意,你才如此凄楚地思念他人……女孩子说,你怎么会这么笨呢? 你既然爱我,就该懂得我的心。男孩子说,爱,只能解决一部分问题,并不能解决所有的问题。该说的你还得说出来,沉默不是金,是土是空气。女孩子说,我像革命先烈一样,我就是不说,我非要你猜。猜得出来我就嫁你,猜不出来,我就离开你……男孩子就愁眉苦脸地说,如果今后的几十年,天天都在灯谜和哑语中生活,累不累啊?!

另一个男子汉眼睛特别大。他做出第一个表情的时候，看着那铜铃一般圆睁的双眸，大家异口同声地说，噢，你在愤怒！

他一脸失望地说，才不是呢。好了，这个不算，我再做一次。他做出的第二个表情，又是如法炮制，瞪起双眼。大家稍微犹豫了一下，还是口径一致地说，你在发火！

他不甘心，又来了第三次。这一次的结果就更令人惆怅了。大家没精打采地说，你换个新内容让我们也好抖擞精神，干吗又做出打架的样子?!

男子汉后来沮丧地告知我们：他的纸条上，第一次写下的是"幸福"，第二次写下的是"喜爱"，第三次写下的是——"慈祥"！

你肯定要说，差得这般十万八千里，我才不信呢！你一定是没选好对象，或者是围观的人太弱智，才如此指鹿为马。

我一点也不生气你的这种指责，我很希望你能亲自试一试。找自己最亲爱的人，最好。假如能百发百中地猜对，那真是人间少有的幸福伴侣。

我耐心地等待着你的试验……怎么样?做完了吧?你不仅仅做了一次，而是做了许多次。桌上的纸条叠起又打开，打开又写下，好像一只只归巢后又被驱赶而出的信鸽。你很希望能打破我的预言。但你做完后，为什么长久地沉默不语?还透出淡淡的忧伤?你的手指把纸条扯成一缕缕，任它飘荡，好似破碎的思绪。

是的，真正的现实就是这般冷静而无商榷。最厚重的隔膜，就在咫尺之遥。在你以为肌肤相亲的帷幔当中，横亘着无法穿越的海峡。

科学技术是越来越发达了，但迄今没有一种仪器，可以测量出人类情感的进行状态，可以预计出人的情绪指数。当我们能够探知遥远星球的一次轻微地震的时候，我们不知道自己的同床伴侣，是否辗转反侧。爱情没有快译通，心灵的交流如此细腻朦胧。当我们以为自己洞察他人心扉的时候,其实往往隔靴搔痒南辕北辙。

不要怨天尤人,不要动不动就上纲到爱与不爱。爱不是万能钥匙,爱不能在每一个瞬间都摧枯拉朽。爱无法破译人间所有的符码,爱纵是金属,也会有局限和疲劳。增进了解可以加固爱,误会错怪可以动摇爱,这是我们每个人都曾有过的体验。

隔膜往往是双层的。当我们无法正确地表达的时候,我们首先就失却了被人悟知的前提。所以,训练我们明快简捷准确平和的表达能力,是人生的重要课题。不要以为说出自己的心思是一件很简单的事情,在很多的时候,我们先是不敢说,再者是不肯说,然后是不屑说,最后就成了不会说。尤其是当我们软弱的时候,我们没有勇气说。当我们悲哀的时候,我们被文化的传统训导为不可说,说了就显懦弱,说了就是渺小。当我们痛苦的时候,我们以为不当说,说了就遭人耻笑。当我们孤独的时候,我们想不起说。

其实,一个人的坚强与否,不在于他是否说出自己的苦难,而在于他如何战胜自己的苦难。说的本身,也是一种描述和正视,当我们能够直视那些令人痛楚的症结的时候,力量也就随之产生了。

既不夸大也不缩小,既不言过其实,也不矫饰虚掩,直面惨淡的人生,逼视淋漓的鲜血,该是人生勇敢和智慧的大境界。

其次我们要会听。有人说,听谁还不会啊,是个人都带着自己的耳朵,想不听还办不到呢!

了解和交流,在于两颗心的同一律动,在于你深深地明了对方向你描述的那一切。从这个意义上说来,“会听”,也许是人生另一番需要修炼的深远功夫。坦诚说出自己的感受,即便艰难,好歹还有自我的内心世界可以参照,只需勇气和描述的技术,基本就可完成。但听的功力,除了有一双好耳朵,还需有一颗擦拭干净不畸形不变异的心。如果自心是哈哈镜,把人家的话听得变了形,那责任就不在说者，而在听者。

会听的心，要有大的空间，除了容纳自身，还能接纳他人。会听的心，要有对人的真诚，因为听的那一刻，你将把心灵至尊的位置，让给你的朋友。会听的心，是柔软和温暖的，让人感到茸茸的温馨。会听的心，是坚强的，因为它有自己顽强的意志，不会在袭来的痛苦之中摇摆淹没……

有一个可以救命的外科手术，叫做"心脏搭桥"，说的是在堵塞了血管的心脏上，再造一条新的流畅的脉络，让新鲜的充足的血液，流入衰弱的心脏。我很喜欢这个手术的名称，借来一用。我们除了在自己的心脏上搭桥，也需在不同的心脏之间搭桥，以传达我们彼此间的感觉和友谊。

婚姻断想

"婚姻"两个字,很有趣。右边是表声的字符:"昏"和"因",左边都是"女"字旁。我们的古人造字是很讲究的,为什么对于所有人都同等重要的一件事,不是用"人"字旁呢?也许他们把深意蕴含其中——婚姻对女人来说,有更加密切的关系。所以,这个有关婚姻的研究机构,设在妇联,是很有根据和远见的。

一位心理学家说过——婚姻关系是人类所有关系中,最为亲密和最为紧密的关系……我初次听到此话,先是惊奇,然后有些不以为然。我想,母子关系、父子关系、甚至祖孙关系,难道不是更为亲密和紧密的关系吗?我们不是都有这样的经验:母亲的怀抱和父亲的臂膀,是我们永久依傍的港湾!

那位心理学家接着说,爱一个和自己有血缘关系的个体,这在某些动物,完全可以做到,近乎是一种本能。比如一只母鹿在饿狮袭来的时候,宁愿牺牲自己,也要保护仔鹿的生命……动物界重复过无数次这般可歌可泣的场景,想来谁都不会怀疑的。但是爱一个和自己没有丝毫血缘关系的个体直至结成相濡以沫生死相依的关系,这只在人类社会中才存在。

它在习俗和法律上被称为——婚姻。因此,婚姻是一个创举,是一种进化,是一门艺术,在它中间,包藏着人类所有品质和关系的总和。它的基础应该是爱。

婚姻实质上是一个中性的词。也就是说,它可以分为好的婚姻和不好的婚姻。高贵与卑鄙、真诚与虚伪、宽宥与刻薄、奉献与索取、提携与拖累、升华与堕落……凡此种种人类精神世界的状态,都可以在婚姻中找到它们的模型。试想一下，两个性别、背景、教养、性格、职业、爱好等等都不同的人，走到一间屋檐下，四目相对朝夕与共，那确是一种肝胆相照"图穷匕首见"的赤裸裸的真实。矛盾终将暴露，摩擦必然产生，理解和退让是润滑油，共勉和并进是婚姻的理想状态。在婚姻中，人们将被迫学习交流和谅解，在这种缩小了的世界中，模拟整个人生的风云。

　　研究婚姻是一个大题目，尤其对准备走进婚姻的青年人来说，更应该是必修课。但在现实中，却是一个相对薄弱环节。中国的古话说：男大当婚女大当嫁。好像只要年纪到了，就去婚嫁是了，至于婚嫁之后的事，男女青年自会料理。在我们的文化中，把对于婚姻的了解和把握，看成是一种瓜熟蒂落水到渠成的事情。只要岁数到了，自然无师自通。这种看法，带有原始社会的遗风，把婚姻的内核几乎等同于性的本能。但是人类进化到了今天，婚姻关系绝不仅仅是性的结合，而远远有了更为深邃宽广的内容。如果说，单纯的生理机能还可待自然法则来开启，但是婚姻的社会性，却是必须学习才能掌握。可惜我们的学校里，从中学到大学，是不许谈恋爱的。既然连前奏都在禁止之列，那么主题就更是不登大雅之堂了。这就出现了一个悖论——我们期待着更多的高质量的婚姻，但是即将走入婚姻家庭的成员，却是对此重大事件云山雾罩不甚了了……他们和她们，或者是道听途说半遮半掩地自学成才，或者是两眼一抹黑仓促上阵，或者是花拳绣腿知其一不知其二更不知其三。更可怕的是有些人自以为掌握了驭妻驭夫的婚姻秘诀，其实是以讹传讹的腐朽观念……这种婚姻的愚民政策，导致了很多惨淡经营得过且过的低质量婚姻。无知导致了很多悲剧上演。由此可见婚姻教育极为重要，需未雨绸缪，从尚未走进婚姻的年轻人抓起，才可事半功倍。

　　这正是婚姻研究机构的使命和责任。

每一个孩子都是从小处在父母的某种婚姻状态之中的。他们不但是这种关系的目击者，承受者，而且还是学习者和传递者。所以，我们常常听到这样的故事：一个从小生活在离异家庭中的孩子，长大了，非常渴望真情和幸福。但是，当他走进婚姻之后，如同中了魔法，竟然亦步亦趋地重复了父母失败的婚姻，他不乏勇气和追求，屡败屡战，然而终是重蹈覆辙，难以自拔。我们在欷歔这种人间悲剧的背后，也不由得深深地反思——某些失败婚姻的模式，也同某种病症一般，具有传染和遗传的特质吗？

在婚姻中，有很多未知的领域需要探索和研究，任重而道远。

当一个新世纪来临的时候，人们常常许下许多愿望。愿家庭都快乐幸福，是全世界所有踏进和准备踏进婚姻的人共同的期望。让我们为这个理想而努力。

结婚约等于

世界上的事情，有些是不好比的，比如一颗星球和一片树叶，孰重孰轻？

当然是星球重了。但那星球远远地在天上飘着，和我们没有什么关系。一片袅袅的树叶坠下来，却惹得一位悲秋的女子写下千古绝唱，孰轻孰重？

但人们仍然喜爱比较，古时流传"不比不知道，一比吓一跳"，"人比人得死，货比货得扔"等诸多话语，说明"比"的重要性。如今科学加盟，更是创出了许多先进的指标，使"比"这件事，空前地科学和精确起来。

看到过一张"社会再适应评定量表"。

那表的左端，将我们生活中可能遭遇的变化，列成长长的一排。从亲人死亡，夫妻不和，离婚退休，违法破产，搬家坐牢，一直到睡眠习惯的改变和亲家翁吵架这样的事件，都做成明细的账表，计有数十种之多。

表的右侧，列出各相应事件的"生活变化单位"，简言之，就是一个事件对生活影响的严重程度。据说这个表是根据了五千多人的病史分析和实验室所获资料，可以对某个人因为生活变化而造成的适应程度，作出数量估计。

当生活变化单位超过150时，80%的人感到严重不适、抑郁或有心脏病发作。

这段话学说起来十分拗口，其实就是把我们在生活中经常遭遇到的事，像小学生的算术卷子似的，每题各打一个分，说明它对我们身心的影响。把最近碰上的事的分叠加起来,就得到了一个总分,大致表明它们对我们生存境况的影响。不过这个分可不像高考的分,越高越好,而是患病的危险性同分数成正比。

列于生活事件严重程度的前三项是:

配偶的死亡:得分 100。

离婚:得分 73。

夫妻分居:得分 65。

可见在纷繁的世界上,家庭和亲人对我们如此至关重要。爱护家庭,就是爱护我们自己的生命。

金钱对身心的影响,远没有想象中那般显赫。少于一万元的抵押和贷款,居于严重等级的第三十七级台阶上,分值仅仅为 17,只相当于过一次半圣诞节。

各种节日也被列入影响生活的事件,比如圣诞节,它的分值是 12。刚开始很有些不得要领,过节是快乐的事情,怎么反成了坏事?静下心来想想,也有道理。在每一个盛大的节日后,都有许多人疲倦和病痛。假如是身在远方的游子,每逢佳节倍思亲,潸然泪下,忧郁足以致病了。

与上司的矛盾,分值是 23,只相当于一次半睡眠习惯的改变。(睡眠习惯的改变分值为 16。)

这表是洋人制订的,不大符合我们的国情。他们职业上来去比较自由,与老板闹僵了也不是什么了不起的事,对自家的情绪影响不大。若是中国的统计数字,和领导翻了脸,对目前的形势和以后的出路,都会投下巨大的阴影。这一点分值肯定是不够用的,起码需高上一倍。

表上所列大多是消极事件,就是我们常说的坏事。但也有积极事件。比如制订者们将"杰出的个人成就"这一辉煌事件的影响值,定为 28 分,相当于"儿女离家(29 分)"和"姻亲纠纷(29分)"。

我们这个民族信奉的是"人逢喜事精神爽",高兴还来不及呢,哪里还会因此有病?

反过来一想,中医素有"大喜伤心"与"乐极生悲"之说,大约也是这个道理。比如《儒林外史》中的范进中举,不知算不算是具备了"杰出的个人成就",但痰迷心窍,一时疯傻,需他的岳丈一巴掌打在脸上才苏醒过来,却是千真万确的了。

"结婚"这一栏的分值是"50"。

约等于一个半知心好友的死亡(好友死亡为 37 分)。

约等于一次搬迁(20 分)加上一次转学(20 分)再加上一次轻微的违法行为(11 分)的总和。约等于个人的受伤或是害病(这一项为 53 分)。

超过了被解雇(47 分)和退休(45 分)。

"结婚"这件大喜事,竟有这样高的不良影响分值,世间许许多多的女子,可能也同我一样出乎意外,对人生的这一重要转折估计不足。

这张表当然也不是权威,但它毕竟从另一个角度向我们发出异样的警报。

结婚给女人带来了巨大的变化,从女儿变成媳妇,从恋人变成妻子,从自由身进入了特定的角色。

中国有句古话,叫做"凡事预则立,不预则废"。这张表也相当于我们生活的预报表。它是客观而严峻的。

过多沉迷于玫瑰色想象,对幸福不切实际的甜蜜憧憬,会削弱了承受艰难的耐力。婚姻并不仅仅是快乐,是节日,是两情相悦,是生死与共。它还是考验,是煎熬,是一种熟悉生活的破坏和一种崭新模式的建立,是包含了智慧勇气人格意志的双方重新组合。就像进入一块陌生的大陆，所有的事件都有可能发生，我们对此必须有清醒的认识和足够的心理准备。

结婚约等于一次必将穿越风暴的航行。当新船驶离港口的时候，两个水手要将自己的身心调整到最光明最昂扬的状态，镇静地眺望远方，携手向前。

家　问

家是什么?

家会很小很小,螺蛳壳是蜗牛的家。家会很大很大,宇宙是星星的家。

家会很轻很轻,像一粒浮尘,被人一指掸掉,不留一丝痕迹。家会很重很重,像一座铅山,压在脊上,寸步难行。

家会很快乐很幸福,像一眼不老的喜泉。家会很凄楚很悲凉,像一汪深不可测的泪潭。

问年轻人:家是什么?

他们回答:家是粉红色的玫瑰,有刺更有蕾。家是甜蜜的吻,热烈的拥抱、柔情似水的情话和思念时的邮票。

问中年人:家是什么?

他们回答:家是心灵与肉体的港湾,能停泊万吨巨轮也能栖息独木小舟。家是无私的付出与接纳,家是脱去疲劳的热水澡。家是一个苹果,你一大口,我一小口。家是一副重担,我愿这边的力臂短,你那边的力臂长。

问老年人:家是什么?

她说:家是一种能力,一种学习。我自忖无力从那里毕业,就中途逃亡了。

问无家的人:家是什么?

他们回答:家是黄昏湖边的搀扶,家是灯下互相剪去丝丝白发。家是一件旧风衣,风也是它雨也是它。家是虽非一见钟情,却望白头偕老的漫漫旅程。家是墓前的一枝黄菊。

问孩子:家是什么?

他们回答:家是妈妈柔软的手和爸爸宽阔的肩膀,家是一百分时的奖赏和不及格时的斥骂。家是可以耍赖撒谎当皇帝,也是俯首听命当奴隶的地方。家是既让你高飞又用一根线牵扯的风筝轴。

问情人:家是什么?

他们回答:家是舔着伤口的两只狼,家是荷尔蒙的汹涌分泌。家是一日不见,如隔三秋。家是猜忌、争执、思恋、指责的杂耍场。家是枕边泪窗前月,家是今夜你会不会来?

问养家的人:家是什么?

他说:家不是勋章,你挂在胸前,别人也看不见。家是一条暗地里逼你不断挣钱的鞭子,直抽得你遍体鳞伤。

问弃家的人:家是什么?

他说:家是羁绊,家是约束,家是熄灭人创造激情的沼泽地,家是一种奢侈的靡费。

问恋家的人:家是什么?

她说:家是树上的喜鹊窝。纵然世界毁灭了,只要家在,依然有一切。

问恨家的人:家是什么?

他说:家是爱情的终点,家是英雄的坟墓。家是累赘,家是负担。家是挂在你项上的枷锁,家是你出卖自身的契约。

我不知世上还有另外的场所,会如此众说纷纭,褒贬不一。

综观家庭,是大千世界的缩影。人们在家中卸去重重角色的面具,露出天然嘴脸,最坦率最赤裸。人性的善与丑,方寸之间,纤毫毕现。一代伟人,能治理好一个国家,未必能调理好一个家。能统帅千军万马的将军,可能是妇孺裙钗下的败将。

有人以为家是最自由最放任的所在,可以放荡不羁。其实,家是最考验责任感的圣坛。对一个你所挚爱的人,都不忠诚,你还能为世人所信吗？对一个托付终身的人，都无法负起责任，你还能承诺他人的期嘱吗？连自己的一脉血缘都不能照料和抚育，你还能爱国爱民吗？在家中，我们看到了太多的丑恶。对亲人施暴的人，不可能对他人仁慈。在家中阴郁的人，不可能对太阳微笑。在家中诡计多端的人，不可能真诚对待友人。在家中粉饰虚伪的人，不可能直面惨淡人生。

如果没有准备好，请不要撕下走进家庭的门票。如果没有爱自己也爱他人的能力，请不要构造家庭的地基。

很多人抱着从家庭掠取支援的动机，匆匆为自己寻一个可供汲取能量的后勤仓库，殊不知，家庭不是无中生有变出魔力的黑斗篷。家庭的温暖先要无私无偿的培养和付出，然后才像春草，毛茸茸地生长起来，一旦失去爱情的滋养，再稳固的家也会很快风化。爱的力量，有时很巨大，有时很贫瘠，全看你是否以心血灌溉。

家庭里如果没有神圣感和勇气，请别要孩子。家庭缔结之时，并不是简单男女人数相加，而是诞生了另样的结构，一个崭新的物种。这个物种的花朵和果实，就是孩子。

一花一世界，一家一宇宙，婴儿降临世上，家是包裹他的蛹壳。倘若家中注满健康的爱的花粉，他就吸吮着它，用爱滋养构建着自己的听觉嗅觉知觉，渐渐地酿成心中小小的蜜盏。在爱中长大的孩子，爱是他的羽衣，爱是他的长矛。在爱中蓬勃成长的孩子，他看天下，就比较地明朗。他看人性，就比较地乐观。他看自身，就比较地尊严。他看他人，就比较地客观。他看丑恶，就比较地勇敢。他看前途，就比较地光明。他看事物，就比较地冷静。他看死亡，就比较地泰然。

在纷乱和丑恶的气氛中成长的孩子，是伪劣家庭的痛苦产品。他们在家中最先看到并习得的待人处世经验，是破碎疏离和粗暴残酷。他们是那样幼小，缺乏分辨的能力，以为这就是人世间的模型。当他们走进社会的时候，会不由自主地以不良家庭的模式对待他人。将紊乱与不协传染到更远的范畴。更令人惊惧的是，来自不完美家庭的孩子们，彼此具有病态的吸引力，仿佛冥冥中有一块恶作剧的磁石，牵引性格有缺憾的男女，使他们格外同病相怜，迫不及待地走到一起。病态中建立的家庭，如履薄冰，全是悲剧。如果不能卓有成效地打断铰链，这种会伤人的家庭，就像顽强的稗草，代代相传，贻害无穷。

家可以很单纯，一个人也是一个完整的家。家可以很复杂，整个地球是一个共同的屋顶。

家啊，是理解奉献思念呵护，是圣洁宽容接纳和谐，是磨合欣赏忠诚沟通，是心心相印浪漫曲折生死相依海角天涯。

家是有生命的精灵

当医学院学生的时候,一天,教授拿着一枝新柳走进教室。它嫩绿的枝管上,萌着鹅黄的叶蕾,大梦初醒的样子。我们正不知一向严谨的先生预备干什么,教授啪的折断了柳枝。绿茸茸的顶端顿时萎下来,唯有青皮褴褛地耷拉着,汁液溅出满堂苦苦的气息。教授说,今天我们讲骨骼。医学上有一个重要的名称,叫做"柳枝骨折",说的是此刻骨虽断,却还和整体有着千丝万缕的联系。我们的职责,就是把这样的断骨接起来,它需要格外的冷静,格外的耐心……

一次,到了大兴安岭。老猎人告诉我,如果迷了路,沿着柳树,就能走出深山。

我问为什么?老猎人说,春天柳树最先绿,秋天它最后黄。柳树成行的地方必有活水,水往山外流,所以你跟着它,就会找回家。

心中一动,记下了柳树如家。

一位女友向我哭诉她的家庭,说希冀的是家的纯洁,家的祥和。可怕的是最近这一切都濒临破碎,虽是藕断丝连,但她想手起刀落……

我知她家虽已摇摇欲坠,并非恩断义绝,就和她讲起了柳枝骨折。既然一株植物都可凭着生命的本能,愈合惨痛的伤口,在原处发出新的枝叶,我们也可更顽强更耐心地尝试修复。

女友迟疑说,现代的东西,不破都要扔,筷子全变成一次性的……何况当初海誓山盟如今千疮百孔的家!

我说,家是有生命的精灵。正因为家是活的,所以会得病也会康复。既然高超的仪器会失灵,凌飞的火箭会爆炸,精密的计算机会染病毒,蔚蓝的天空也会厄尔尼诺,婚姻当然也可骨折。

我们是自己家庭的制造者,我们是自己家庭的保健医。每一个家庭,都是男女用感情和双手缔造的,那张家庭的保修单,当然也由双方郑重签发。家是一张木制的椅子,要常常油饰修理。阴雨连绵的季节,要搬它晒太阳,不要生出点点霉雾。秋天的时候,要在田野留步,感受清风的抚摸,忆起春天的期望。

修补家庭是双方的事情,万万不可一方包办。疗治骨折要干净彻底地清洗创面,绝不可留下化脓的细菌。焊接两块钢板,要将那对接的毛边,打去陈锈,露出洁净的茬口,才能在烈焰下重新融合。如果没有痛切的割舍磨打,哪怕只是黏合一块鞋跟,也会在几步之后再次脱落……退让妥协绝不是修补,那是藏污纳垢苟延残喘,那是委曲求全自取其辱,等待我们的只会是更大的苦痛。

修补是比丢弃更繁琐的工程。修补是比丢弃更艰苦的跋涉。修补是比丢弃更费时费心的历练。修补是比丢弃更精妙的技艺。

女友听了我的话,半信半疑道,裂了口子连缀起来的家,就像早年间乡下锔过的碗,还会结实吗?

我说,当年我们也曾问过教授,柳枝骨折长好后,当再次遭受重大压力和撞击的时候,会不会在原位爆开?

教授微笑着回答,樵夫上山砍柴,都知道斧刃最难劈入的树瘤,恰是当年树木折断后愈合的地方。

家庭幸福预报

今日世上多预报。比如天气预报,地震预报,商情预报,服装流行趋势预报,甚至连几十上百年后的日月食,都有了分秒不差的天象预报。不知为什么一桩婚姻诞生时,却没人对它的走向,发布家庭幸福趋势预报?

料想此事太难。

人无慧眼,可穿透岁月层叠的雾岚,窥见新人的沧海桑田。天会变,道亦会变。地位,相貌,健康,性格……都像拥挤的卵石,在时间的渠里磕磕绊绊,几十年冲刷下来,荜路蓝缕,旧貌新颜,有的化作晶莹玛瑙,有的碎成粉碴石屑。意志不是金刚水钻,没有那么坚不可摧的硬度,柔软多孔的人心是善变的精灵。

更无一把衡尺,可丈量幸福的杯子是否饱满。你以为汹涌澎湃,他却道涓涓细滴。你陷入悲痛欲绝,她沉浸风花雪月。思维无并联,神经永绝缘,是动物的造化之幸,也是人的悲哀之源。幸福也许是高速车上捆绑的安全带,因人制宜,松紧可调,不到车毁人危的关头,看不出它所捆定的价值。

幸福无框架,幸福无定义,幸福不会立此存照,幸福无法预支和储蓄。幸福可以压缩,幸福可以扩展。幸福无保修,幸福无退换……谁愿面对一件标准模糊的朦胧产品,说短论长?

家庭的幸福,难道真是百面妖魔,没有丝毫蛛丝马迹可寻?幸福的趋势,竟如盲人摸象,永无程序可考?设想婚礼的筵席上,若有预告幸福指点迷津的权威术士,该是最受敬畏的上宾。

不知未卜先知的哲人,有何手段击穿未来,烛照今夕?依我之心,窃以为该先测测双方的智商。假如智慧相等或差池在正负百分之十的范围内,幸福便有了十分中二点五分的保障。想想看,若在几十年的耳鬓厮磨中,每一句话都呢喃两遍以上,彼此才能缓缓沟通,是否慢性受刑? 爱是生死与共的事,其难度不次于哥德巴赫猜想。分秒必争斗转星移的今日,脑是每个人首要的固定资产,评估它的功能状态,是严肃认真必备必需的手续。男女相悦不仅是荷尔蒙激素的迸发,更是理智沟回清醒的把握。

教育的差异可在漫长的日子里填平补齐,更何况家中回荡的多是人生冷暖,并非先贤凝固的文字。假如智慧不对等,鸿沟非人力可充垫,循环往复的对牛弹琴,最易生出惨淡的麻痹和难以疗救的倦怠。世上有许多背景悬殊的夫妻,在外人以为必是寡淡无味的相守中,其乐融融。不仅是情操的契合,实有神智棋逢对手的持久快意。

单有智商是不够的,还需品质的优良与性格的互补,分数前者占三后者占二吧。

婚姻是一场马拉松呢,从鬓角青青搏到白发苍苍。路边有风景,更有荆棘,你可以张望,但不能回头。风和日丽要跑,狂风暴雨也要冲,只有清醒如水的意志持之以恒的耐力,才能撞到终点的红绳。

婚姻在某种程度上,是阴阳的大拼盘。我总怀疑性格的近似,是滋生不幸的助剂。粉了还要紫,绿了还要青,雪上加霜是搭配学上犯忌的事。然而相反相成,刚柔相济,图纸上令人神往,实施起来难度很大。度的掌握重要而微妙。逆反太凶,则是冤家对头,虽有强的磁场引力,但长久相克,磨损太甚,只怕两败俱伤。然而适当的尺寸,又像丝丝入扣的魔鞋,缥缈大地,谁知遗走何方? 有的人寻找一生,找到了,是大幸运。找不到,无望无奈,也可保有死水微澜的宁静。最怕的是委委屈屈的将就,合久必分,却又当断不断。好像快餐店的塑料低背椅,可呆片刻,难以枯守一生。道貌岸然地坚持,必是颈项腰腿痛。半辈子熬过去,脊柱都弯矮了。

善良在幸福这锅汤里,就像优质味精,断断少不得。我看至少把一点五分给它。现今有人觉得善良简直就是无用的别号,我却以为无论在生意场社交场上,善良多么忍辱蒙羞落荒而走,友谊与家居的优美疆域,永是它世袭罔替的领地。丧失善良的友谊,是溶了蒙汗药的酒池肉林。缺乏善良的婚姻,是危机四伏无法兑现的期票。婚姻易碎,婚姻易老,善良如绵绵长长包裹婚姻瓷器完整的丝缕,似青青翠翠保养婚姻花叶常青的圣水。

剩下的一分,不知判给谁好。机遇、门第、如影随形的契机、冥冥之中的缘分……都在争抢终局的发言权。它们都很重要,假如有道判定婚姻幸福的公式,都该罗列其内,在结尾处结结实实占一席之地。但我思索再三,决定将这场婚姻预言的最后因子,留给通常在爱情中故意漠视的金钱。

很世俗,但很实际。贫贱夫妻百事哀,当一生的基本生活需要都没有保障的时候,我不知家庭幸福的青鸟,可以栖息在哪枝无果的树上做巢。婚姻里沉淀着那么多的柴米酱醋盐,每一件都与金钱息息相关。我们有许多清高的场合可以不谈钱,但家是一个必须坦荡地经常地反复地赤裸裸地议论金钱的地方。对金钱的共同掌握和使用方向的通力合作,是家庭木桶防止渗漏的坚实铁箍。

钱绝不可以太少,男人女人,一定要用自己的双手,用血汗化作干净的金钱,注满列车正常行驶的油箱。钱多比钱少好,但不要超过双方卓越的智力与优良的品质可以控制的范围。单纯的金钱,就像单纯的水一样,不加消毒照料,就会慢慢蒸发腐坏。只有金钱与善良结合,才是世上很多美好事物的摇篮。

如果我们看到一对男女结成连理的时候,智商均衡,天性互助,多温柔宽厚之心,也不乏冷静果决之勇,坚韧友爱,钱不多也不少，顾了温饱，尚有些微节余，可以奠定共同事业的起点……那么无论他们的身材多么矮弱，相貌多么平凡，出身多么低微，文化多么有待提高，情感多么不善表达，誓言如何稀少轻淡……甚至在外人眼里他们贫寒寂静，简单甚至简陋，我都有足够的理由期待，他们会在艰窘中生长出至亲至爱的快乐与幸福。

我希望祝福成真。

假如一对新人智差殊异，性格无补，少温良仁爱的善美，多冷厉森严的辣手，钱不是太多就是太少……无论他们身高如何匹配，相貌如何俊美，家世如何渊源，文凭如何耀眼，情感如何缠绵，山盟如何海誓……有多少外在的光环闪烁；也无论青梅竹马，患难之交，萍水相逢，千里姻缘，弄巧成拙，指腹为婚……有多少内里的故事流传，我却总带着凄凉的心境，仿佛看到幸福终结的海市蜃楼，在不远处波光粼粼。哀痛使我无法扮出由衷的微笑。

这一回，但愿我看走眼了吧。

家的疆域

一个家就像一潭水,经常有风和石头经过,扰乱平静。夫妻间发生争执的人和事,有时同自家没一点关系,颇有株连的味道。比如遥远的地方有一个女人死了,妻子说,真吓人啊。丈夫说,有什么了不起?这世上每天死的人多了去了。妻子就说,想不到你是这么一个绝情的人,有朝一日我死了,只怕你也无动于衷。丈夫说,这不是强加于人吗?她死和你死有什么关系呢?真小题大做!妻子说,我都要死了,你还说是小题,在你心里,究竟谁才是大事?!……于是争吵就水到渠成地发生了。

家是一个那么容易发生地震的地方,其频率和烈度大大超乎我们的想象,震中却往往不足挂齿。好像人们相知得越多,越难以彼此从容地体谅。如果说我们对外界的人,还有耐心探讨动机的多种可能性,做出比较理性客观的判断,对在同一屋檐下爆发的争吵,几乎从一开始就认定对方是挑衅和非善意。我们可能为一件毫不相干的人和事,发起剧烈的口角,直到完全忘记了唇枪舌剑的诱因,只遗留下锋利言辞对彼此心灵的伤害。每逢阴雨,那伤痕还会像蚯蚓似的蠢蠢欲动。

或许对家庭的势力范围,作个明确的划分会有益处。家是我们共同的领地,它从建立那天起,就是一个崭新的国度。每个男人和女人,在婚前都有自己的疆界和朋友。走到一起来的时候,除了携着自身,还举一反三地带来了原先的爱好、习惯和亲朋……要知道,新组家庭的国境线,并不是男女双方原有管辖区域简单的算术叠加。如果你悲惨地那样以为了,就会对不期而至的遭遇战惊诧莫名，被无穷的战火轻则熏伤重则灼灭。

每一对夫妻都需要细致地研究，这个刚刚诞生的小小联合体，有哪些不同的兴趣和特殊的禁忌。

当我们对某一人和事慷慨陈词的时候，也许表面上看不出血肉相依的联系，但实际上凸透的是自己对世间的特定视角。既然我们在其他场合，都可以谦虚地承认自己并非万能，在家中为什么要强硬地固执己见？想来是希望最亲近的人，能与自己心心相印。一旦遭到误解和反驳，愤怒和沮丧便呈现三倍的猛烈与尖锐。

所以，对于那些敏感而无关大局的话题，明智的办法就是像两个边境不清的邻国，各自后撤，以便维持和平共处。

无伤大雅的分歧，可避让与迂回。对远处的人和事，不妨模糊朦胧，求同存异。对那些有可能导致战火的危险话题，明智地腾挪躲闪。对共同感兴趣的部分，大张旗鼓同仇敌忾。

当然疆域可以渗透，可以磨合，可以扩展，可以融会贯通天下大同。但那需要时间，很漫长的时间，也许一生一世。涂抹疆域界线的橡皮，只能是爱。持之以恒的相互热爱，甘远醇厚。爱到心驰神往，爱到天人合一。

家可以延伸得很远很远，包容大千世界。家可以蜷缩得很小很小，仅两个人也打得不可开交。家的边陲可以绿树成荫繁花似锦，围起一个小鸟的天堂。家也可以狼藉一片血流漂杵，筑成一双男女的死牢。关键需每位成员既是国王也是兵，建设它守卫它，和谐地调整家的内政外交，处理好家的边关防务。

在家的日子，我们要更宽容，更聪慧，更善良，更真诚。

家无垠。

家庭的天平

文学讲座或是大学授课，我最后总要留出些时间，让大家自由提问。经常接到这样的字条："作为一名女作家，你和丈夫感觉平衡吗？请说实话。"

每次我都会心一笑。记得在北大，我很想知道发问人的性别，念完条子后对大家说，请猜一猜，这是一个男孩还是一个女孩写来的询问？大家异口同声地回答——女孩。

看来人们对平衡问题普遍关切，尤其是女性，在这个日渐拥挤嘈杂的世界上，对平等有着天然的敏感。一个家就是一个微缩的地球。丈夫和妻子，男人和女人，永远面临着公正的挑战。

家庭的公平从何而来？我想这真是比哥德巴赫猜想还要复杂的数学难题。也许各人的经济收入还可比较，但一个家不是储蓄所，更不是商店，单是金钱的多寡，无法决定指针的走向。谁能说得清，深夜里的一杯热茶，病榻旁的轻轻抚摸，应该标价几何？男人完成了一篇论文，女人在这些日子里辅导了孩子的功课，又有谁能评判出这两种劳动，对于家庭的贡献，孰重孰轻？漫天风雪中，有人挂牵着你，这是亿万金钱也买不到的眷恋。伴侣百年之后一声悠长的叹息，如风飘散，却有着山一般的凝重屹立苍穹。

家庭中的平衡，是一种模糊而又清晰的概念。事业、金钱、地位、声誉等等，都是有分量的物体，犹如一堆大小不一的砝码，堆积在我们脚下。有一架无形的天平，分给男人和女人各一个秤盘，倾斜就酝酿着危机。

沧海桑田，人人都在不断的变化中，唯一不变的是人间的真情。爱是家庭天平中最沉重的砝码,一缕真情,抵得过所有金钱的总和!

面对纸条我总是回答,我和丈夫就像一个人的左脚和右脚,抬起落下,忙着走路。如果你总是在原地站着,无论怎样小心,终会失却了平衡倒下。

共同向前是最好的平衡,这就是永远的实话。

幸福的镜片

现今家庭，有些简直成了情绪火葬场。一位女友说，先生在外面笑眯眯，人都赞脾气好，可回到家里，满脸晦气，令人沮丧；女友恼火地抗议，你不要金玉其外，轮到自家人时，却像八大山人笔下的鱼鹰，白眼球多，黑眼球少。先生立即反驳道，人又不是仪器，不可能总调整在最佳状态。发愁的时候，懊恼的时候，垂头丧气的时候，你让我到哪里撒火？和领导吵吗？不敢抗上。和同事争吗？来日方长，得罪不起。在公共车上和不相干的人口角吗？人家招你惹你了？那岂不是伤及无辜，太不五讲四美。女友说，我是你亲人，却经常看你黑脸，你这不是残害忠良吗？先生说，家是最隐蔽最放松的场所，一个人若是在家里都不能扒下面具，赤裸裸做人，那才是大悲哀。我阴沉着脸，并非对你恶意，只是情绪病了。你装聋作哑好了，不必同我一般见识。有什么不中听的话，并非针对你，只是宣泄独自的郁闷。如果你爱我，就请原谅我的种种真实……

女友困惑地说，人怎么能把家庭当作消化情绪的垃圾场？这样下去，谈何幸福！

我倒以为幸福的家庭，不妨成为回收情绪垃圾的炼炉。将成员的种种不快以至愤慨忧愁苦恼悲凉……都虚怀若谷地包容下来，然后紧闭炉门，不再泄漏。让那炉中真火慢慢熬炼，直到怨气焚化成白色无害的灰烬，随风飘逝，不见踪影。

这事说起来简便，实施的时候，却极易失控。人在家居，心不设防，就像没打过麻疹疫苗的小儿，对情绪缺少抵抗力。一旦心境恶劣，极易传染他人。又因至爱亲朋，血脉相通，结果一人发火，污染全体,大家受难。很多原本是外界的小风波,最后演成家庭的全武行。

好的家庭要有丝网般的滤过功能。快乐的幸福的消息,如高屋建瓴,肥水快流,多拉快跑,让佳音火速进入所有成员的耳鼓。忧郁的不幸的消息,只要不关急务,便遮掩它,蹒跚它,让时间冲刷它的苦涩,让风霜漂白它触目惊心的严酷。

好的家庭是会变形的镜片,能发生奇妙的折射。凸透使视物变大,凹透让东西变小。如果是愉快的源泉,哪怕只是夫妻间的一个手势,孩子捧出的一杯清水,远方朋友的一个问候,陌生人的一个祝福……都应透过放大镜,使它纤毫毕现,华光四射。让一朵杜鹃,蔓延出一片火红的山谷。让一个口哨,轰响成一部辉煌的乐章。从一片面包,憧憬出今后日子的和美丰足。携一缕春风,扩展成融融暖意,铺满整个家庭空间。

如果是苦难和灾异,比如亲朋远逝,祸起萧墙,泰山压顶,骤雨狂风……降临的种种天灾人祸,经了家庭镜片的折射,都应竭力缩小它的规模——淡化压力的强度,软化尖锐的硬度,衰减振荡的烈度,压缩波及的范围,控制哀痛的伤害,截短作用的时间……让家人在家的庇护下,惊魂甫定,休养生息,疗治创口,积聚新力,重新敛起生活的勇气。

这是否澳洲鸵鸟的战术,一厢情愿?我想明晰的镜片和浑黄的沙砾有原则区别。无论喜讯还是噩耗,通过家庭镜片的折射,它们未曾消失,依然健在,改变的只是外界事物作用于我们的感觉。

放大欢乐,缩小痛苦,这就是幸福家庭的奇妙镜片功能。

飘扬的长发与幸福的人生

接到一封读者来信，是一个名牌大学的男生写来的。他说恋爱过程连战累挫，女友抛弃了他，他很痛苦，简直丧失了活下去的勇气。他问我拯救自己的方式，是否马上进入下一场恋爱？以前的每一位女友都有飘逸的长发，都是一见钟情。他说，我还要找一头长发的女孩，还要一见钟情。

通常的读者来信，我是不回的。但这一封，让我沉吟。他谈到了一个我不能同意的救赎自我的方法，我想对长发谈点看法。因为长发对他成了一种绝望与新生的象征。

早年间，看到很多女孩留长发，司空见惯了，也不去寻找这后面所包含的信息。后来，我偶然发现一位已婚女友的发式常有变化，有时是长发，有时是短发。刚开始我以为这是她出于美观或是时尚的考虑，后来她告诉我这和她的婚姻状况有关。如果这一阶段与她的丈夫关系不错，她就梳短发，如果关系很僵，她就留长发。我说，哦，我明白了，头发和爱情密切相关。她笑话我说，亏你还是个作家呢，难道不知头发是人的第三性征？

后来，我见到她稳定地梳起了马尾巴。说实话，那一头飘扬的长发(她的头发不错)，和她满脸的皱纹实在是有些不相宜。好在我明白了头发的意义，对她说，你是下定了离婚的决心，要重新寻找新的伴侣了。

她有些惊奇，我还没来得及告诉你，你怎么就知道了？

我说是你的头发出卖了你。她抚摸着头发说，这是爱情的护照。

从那以后,我就对长发渐渐地留意起来。

　　女性的头发的样式表示她的婚姻状况,这是一种集体无意识,已经深深地刻在我们的骨骼上了。女孩子为什么要留长发?首先因为一个人的头发是一个很好的晴雨表,可以反映这个人的健康状况。在中医学里,称"发为血之余"。一个人的头发是否健康,表示着他的血脉是否丰沛充盈,生命力是否蓬勃旺盛,服饰可以调换,颜面可以化妆,但一个人的头发,是不能全面颠覆的。血自骨髓来,骨髓是一个人先天后天的精华之府。在骨髓的后面站着——肾。"肾主骨生髓",这才是关键所在。众所周知,在东方人的文化中,"肾"并不仅仅是一个泌尿器官,而是和人的生殖系统有着极为密切的关系。

　　好了,现在我们已经逐渐捕到了问题的核心。长发在某种意义上,表达的是这个人"肾"的健康状况,也就是间接地反映着他的生殖潜能。当你以为只是展示你飘扬的长发的时候,你其实是在暴露你的健康史。

　　所以,一般说来,未婚的和期望求偶的女子,爱留长发。如果一个未婚女孩梳个短发,大家就会说她像个"假小子"。女子在结婚的时候,会把头发来一个改变,正如那首著名的歌曲中唱到的:"谁把你的长发盘起,谁为你穿上嫁衣?"

　　如今,对女子头发的要求,是越来越苛刻了。君不见某些品牌的洗发水广告,拍出的长发美女,那头发的长度已经到了一挂黑瀑的险恶境地。画面曲折表达的意思是——你想赢得性感高分吗?请向我看齐。潇洒到形销骨立的刘德华干脆说:我的梦中情人,有一头长发。潜台词即是:你想成为著名歌星的梦中情人吗?此处有一个绝好的机会——请用我们这个牌子的洗发水吧!

　　这种要求渐渐全方位起来。比如近年来的男性歌手组合"F4"的走红,除了种种因素之外,我觉得和他们形象中的一统长发有相当的关联。不单男性需要知道女性的健康和性征资料，女性也有同样的要求。女性的潜在的平等诉求被察觉和被满足，于是"F4"的蓬松长发油然而生并一炮而红。

不厌其烦地就头发讨论了半天，是想说明"性"这个因素是仅次于"食"的人类基本本能之一，它的影响力不可低估。它在很多时候，渗入到我们生活的种种缝隙中，以"缘分"甚至是"思想"这类面孔闪亮登场。

再来说说一见钟情。我是医生出身，见过若干关于"一见钟情"的生物学分析。在那些神话般的境遇之中，很可能是男女双方的体味在相互吸引，要么就是基因的配型有着某种契合，还有免疫互补……甚至，童年经验也在润物细无声地影响着我们。不要把"一见钟情"说得那么神秘，那么不可思议的权威。我们不是生活在真空，很多以为虚无缥缈的事件背后，有着我们今天还不能彻底通晓的物质基础。

在我们以为是天作之合的帷幕下，有时埋伏着的不过是人的本能这个老狐狸。我在这里绝没有鄙薄本能的意思，但作为主人，知道有乔装打扮的本能先生混在客人堆里一个劲儿地劝酒，觥筹交错时就要提防酩酊大醉，以防完全丧失了理智，被本能夺了嫡。

本能这个东西，很有意思，魔力就在于我们能否察觉它。它习惯在暗中出没，魔法无边。我们被它辖制而不自知，它就是君临天下的主宰。但是，如果把它揪到光天化日之下，它就像雪人一样瘫软乏力。假设那位来信的男生，知道了他期望找到一位长发女友这一先入的标准，不过是要查询和检验一个女子的生殖系统潜能和最近若干时间以来的健康状况，那么，他在考虑长发因素的时候，可能就有了更多的角度和更宽容的把握。

本能是很会乔装打扮的，它不狡猾，但它善变。能够识出它的种种变相，不仅要凭一己的经验，也要借助他人的心得和科学的研究。

如果有人现在对那个男孩子讲，你选择女友的标准只是看她如何性感，我猜他一定要反驳，说根本就不是那样浅薄，我们情投意合，我们非常默契，我要找到的就是和她在一起的这一份独特的感觉等等……

其实在婚姻这件事上，绝对的好或是绝对的坏，大约是没有或是极少的，有的只是常态，只是平衡，只是相宜。单凭某个孤立的条件来寻找爱人，只怕是不够成熟的表现。你是一个什么人，你可要先认清，才好去寻找一个和你相宜的人。我很喜欢一个词，叫做"志同道合"，人们常常以为这句话是指事业，我觉得写予婚姻更妙。

有的年轻朋友会说，我找的是伴侣，火眼金睛地把对方认清了不就得了，干吗先要从自己开刀？

理由很简单。忠诚的人只能欣赏忠诚，而不能欣赏背叛。诚恳的人只能接纳诚恳，而不能接纳谎言。慷慨的人可以忍受一时的小气，却不会喜欢长久的吝啬。怯懦的人可以伪装暂时的勇敢，却无法在无尽的折磨中从容。谁想用婚姻改造人，只是一个幻彩的泡沫，真实只能是——人必然改造婚姻。

恋爱、婚姻是一个寻找对方更是寻找自己的过程。你整个的价值和思想体系，都在这种亲密无间的关系中得以延伸和凸现。

如果你把金钱当作人生的要素，你就不要寻找一个侠肝义胆的爱人。因为你即使在危难中曾受惠于他，但那是他的禀性，而非对你的赞同。当有一天你祭起"金钱至上"的大旗，无论你怎样娇姿百媚，还是挽不回壮士出走的决心。

如果你荆钗布裙安于寡淡，就不要寻找一个鸿鹄千里的爱人。即使你以非凡的预见知道他会直抵云天，也不要向这预见屈服，把自己的一生押了出去。否则他的翅膀上坠着你，他无法自在遨游，你也被稀薄的空气掠得胆颤心惊。

如果你单纯以色相示人，就要准备在人老色衰的时候被厌恶和抛弃。如果你喜欢夸夸其谈，你就等着被欺骗的结局吧。

物以类聚，人以群分。失恋男生喜欢长发和一见钟情，他就不断地被这些吸引。他把恋爱当成了一道算术题，当一个答案打上红叉的时候，他赶忙用橡皮擦掉笔迹，在毛糙的纸上写下另一个答案，殊不知他早已将题目抄错。

不要把长发当成唯一，一见钟情也没有什么神秘。我手头就有若干个例子，某些离散的婚姻，往往始于绚烂无缺的开端。比起开头来，人们更重视过程和结尾，这就是"创业难，守成更难"。这就是"行百里者半九十"的涵义。

我在一个有鸟鸣的清晨给这位男生回信。因为我已心境沧桑，而对方是一位青年，人在清晨的时候心脉比较年轻。我说，不要把人生匆匆结束，不要把恋爱匆匆开始，你把一件事做完再做另一件事好吗？

他很快给我回了信。他说，不是我没有做完，而是事情已经被女友提前结束。我复信说，为了你一生的幸福，你要把爱的前提好好掂量，为此花费一点时间是值得的。没想清楚之前，旧的就不算真正结束。我明白你想用新鲜替代腐烂，想把新发丝黏结在旧发丝上让它随风飘扬……可你见过馊了的牛奶吗？如果你不把酸奶倒掉，不把罐子刷洗干净，便把新牛奶倒进去，那么，只怕很快我们就又要捂起鼻子了……

他已经久未来信了。我不知他是生我的气了，还是已酝酿了清新的爱情？

成千上万的丈夫

有成千上万的男人，可能成为某个女人的好丈夫。

这句话，从一位做律师的女友嘴中，一字一顿地吐出时，坐在对面的我，几乎从椅子滑到地上。

别那么大惊小怪的。这话也可以反过来对男人说，有成千上万的女人，可以成为你们的好妻子。你知道我不是指人尽可夫的意思。教养和职业，都使我不会说出这类傻话。我是针对文学家常常在作品中鼓吹的那种"唯一"，才这样标新立异。女友侃侃而谈。

没有唯一，唯一是骗人的。你往周围看看，什么是唯一的?太阳吗?宇宙有无数个太阳，比它大的，比它亮的，恒河沙数。钻石吗?也许有一天我们会飞到一颗钻石组成的星球上，连旱冰场都是钻石铺的。那种清澈透明的石块，原子结构很简单，更容易复制了。指纹吗，指纹也有相同的，虽说从理论上讲，几十亿上百亿人当中，才有这种可能性。好在我们找丈夫不是找罪犯，不必如此精确。世上的很多事情，过度精确，必然有害。伴侣基本是一个模糊数学问题，该马虎的时候一定要马虎。

有一句名言很害人，叫做:每一片绿叶都不相同。我相信在科学家的电子显微镜下，叶子间会有大区别，楚河汉界。但在一般人眼中，它们的确很相似。非要把基本相同的事物，看得大不相同，是神经过敏故弄玄虚。在森林里，如果戴上显微镜片，去看高大的乔木，除了满眼惨绿，头晕目眩，无法掌握树林的全貌，只得无功而返。也许还会迷失方向，连回家的路都找不到了。

婚姻是一般人的普通问题，不要人为地把它搞复杂。合适做你丈夫的人，绝非前无古人后无来者的异数。就像我们是早已存在的普通女人，那些普通的男人，也已安稳地在地球上生活很多年了。我们不单单是一个人，更是一种类型，就像喜欢吃饺子的人，多半也热爱包子和馅饼。科学早就证明，洋葱和胡萝卜脾气相投，一定会成为好朋友。大豆和蓖麻天生和平共处。玫瑰花和百合种在一起，彼此都花朵繁茂，枝叶青翠。但甘蓝和芹菜相克，彼此势不两立。丁香和水仙花，更是水火不相容。郁金香干脆会置毋忘草于死地……如果你是玫瑰，只要清醒地坚定地寻找到百合种属中的一朵，你就基本获得了幸福。

当然了，某一类人的绝对数目虽然不少，但地球很大，人又都在走来走去，我们能否在特定的时辰，遭遇到特定的适宜伴侣，也并不是太乐观的事。

相信唯一，你就注定在茫茫人海东跌西撞寻寻觅觅，如同一叶扁舟想捕获一匹不知潜在何处的鳟鱼，等待你的是无数焦渴的黎明和失眠的月夜。

抱着拥有唯一的愿望不放，常常使女人生出组装男友和丈夫的念头。相貌是非常重要的筹码，自然列在前茅。再加上这一个学历高，那一个家庭好，另一个脾气柔雅，还有一个事业有成……女人恨不能将男人分解，剁下各自最优异的部分，由女人纤纤素手用以上零件，黏合成一个美轮美奂的新男人，该是多么美妙！

只可惜宇宙浩渺，到哪里寻找这样的胶水！

这种表面美好的幻想，核心是一团虚妄的灰雾在作祟，婚姻中自然天成的唯一佳侣，几乎是不存在的。许多婚礼上，我们以为天造地设的婚姻，夭折得如同闪电。真正的金婚银婚，多是历久弥新的磨合与默契。

女人不要把一生的幸福，寄托在婚前对男性千锤百炼的挑拣中，以为选择就是一切。对了就万事大吉，错了就一败涂地。选择只是一次决定的机会，当然对了比错了好。但正确的选择只是良好的开端，即使航向对头，我们依然还会遭遇风暴。淡水没了，船橹漂走，风帆折了……种种危难如同暗礁，潜伏于航道，随时可能颠覆小船。选择错了，不过是输了第一局。开局不利，当然令人懊恼，然而赛季还长，你可整装待发，蓄芳来年。只要赢得最终胜利，终是好棋手。

在我们人生旅途中，不得不常常进入出售败绩的商场。那里不由分说地把用华丽外衣包装的痛苦，强售给我们。这沉重惨痛的包袱，使人沮丧。于是出了店门，很多人动用遗忘之手，以最快的速度把痛苦丢弃了。这是情绪的自我保护，无可厚非。但很可惜，买椟还珠，得不偿失。付出的是生命的金币，收获的只是垃圾。如果我们能够忍受住心灵的煎熬，细致地打开一层层包装，就会在痛苦的核心里，找到失败随机赠送的珍贵礼品——千金难买的经验和感悟。

如果执著地相信唯一，在苦苦寻找之后一无所获，或是得而复失，懊恼不已，你就拿到了一本储蓄痛苦的零存整取存单，随时都有些进账可以添到收入一栏里记载了。当它积攒到一笔相当大的数目，在某个枯寂的晚上，一股脑儿齐提出来，或许可以置你于死地。

即使选择非常幸运地与"唯一"靠得很近，也不可放任自流。"唯一"不是终身的平安保险单，而是需要养护需要滋润需要施肥需要精心呵护的鲜活生物。没有比婚姻这种小动物，更需要营养和清洁的维生素了。就像没有永远的敌人一样，也没有永远的爱人。爱人每一天都随新的太阳一同升起。越是情调丰富的爱情，越是易馊，好比鲜美的肉汤如果不天天烧开，便很快滋生杂菌以致腐败。

不要相信唯一。世上没有唯一的行当，只要勤劳敬业，有千千万万的职业适宜我们经营。世上没有唯一的恩人，只要善待他人，就有温暖的手在危难时接应。世上没有唯一的机遇，只要做好准备,希望就会顽强地闪光。世上没有唯一只能成为你的妻子或丈夫的人,只要有自知之明,找到相宜你的类型,天长日久真诚相爱,就会体验相伴的幸福。

女友讲完了,沉思袅袅地笼罩着我们。我说,你的很多话让我茅塞顿开。但是……

但是……什么呢?直说好了。女友是个爽快人。

我说,是否因工作和爱人都不是你的唯一,所以才这般决绝?不管你怎样说,我依然相信世界上存在着"唯一"这种概率。如同玉石,并不能因为我们自己不曾拥有,就否认它的宝贵。

女友笑了,说,一种概率若是稀少到近乎零的地步,我们何必抓住苦苦不放?世上有多少婚姻的苦难,是因追求缥缈的"唯一"而发生啊! 对我们普通的男人和女人来说,抵制唯一,也许是通往快乐的小径。

虾红色情书

朋友说她的女儿要找我聊聊。我说，我——很忙很忙。朋友说她女儿的事——很重要很重要很重要。结果，两个"忙"字，在三个"重"字面前败下阵来。于是我约她的女儿若樨，某天下午在茶艺馆见面。

我见过若樨，那时她刚上高中，清瘦的一个女孩。现在，她大学毕业了，在一家电脑公司工作。虽说女大十八变，但我想，认出她该不成问题。我给她的外形打了提前量，无非是高了，丰满了，大模样总是不改的。

当我见到若樨之后，几分钟之内，用了大气力保持自己面部肌肉的稳定，令它们不要因为惊奇而显出受了惊吓的惨相。其实，若樨的五官并没有大的变化，身高也不见拔起，或许因为减肥，比以前还要单薄。吓倒我的是她的头发，浮层是樱粉色，其下是姜黄色的，被剪子残酷地切削得短而碎，从天灵盖中央纷披下来，像一种奇怪的植被，遮住眼帘和耳朵。以至我在很长一段时间内，觉得自己是在与一只鸡毛掸子对话。

落座，点了茶，谢绝了茶小姐对茶具和茶道的殷勤演示。正值午后，茶馆里人影稀疏，暗香浮动。我说，这里环境挺好的，适宜说悄悄话。

她笑了，是骨子里很单纯的表面却要显得很沧桑的那种。她说，到酒吧去更合适。茶馆，只适合遗老遗少们灌肠子。

我说，酒吧，可惜吵了点。下次吧。

若樨说，毕阿姨，你见了我这副样子，咱们还有下次吗？你为什么不对我的头发发表意见？你明明很在意，却要装出毫不在意的样子。我最讨厌大人们的虚伪。

我看着若樨，知道了朋友为何急如星火。像若樨这般青年，正是充满愤怒的年纪。野草似的怨恨，壅塞着他们的肺腑，反叛的锋从喉管探出，句句口吐荆棘。

我笑笑说，若樨，你太着急了。我马上就要说到你的头发，可惜你还没给我时间。这里的环境明明很雅致，人之常情夸一句，你就偏要逆着说它不好。我回应说，那么下次我们到酒吧去，你又一口咬定没有下次了。你尚不曾给我机会发表意见，却指责我虚伪，你不觉得这顶帽子重了些吗？若樨，有一点我不明白，恳请你告知，我不晓得是你想和我谈话，还是你妈要你和我谈话？

若樨的锐气收敛了少许，说，这有什么不同吗？反正您得拿出时间，反正我得见您，反正我们已经坐进了这间茶馆。

我说，有关系。关系大了。你很忙，我没有你忙，可也不是个闲人。如果你不愿谈话，那我们马上就离开这里。

若樨挥手说，别别！毕阿姨。是我想和您谈，央告了妈妈请您。可我怕您指责我，所以，我就先下手为强了。

我说，我不怪你。人有的时候，会这样的。我猜，你的父母在家里同你谈话的时候，经常是以指责来当开场白。所以，当你不知如何开始谈话的时候，你父母和你的谈话模式就跳出来，强烈地影响着你的决定，你不由自主地模仿他们。在你，甚至以为这是一种最好的开头办法，是特别的亲热和信任呢！

若樨一下子活跃起来，说：毕阿姨，您真说到我心里去了。其实，您这么快地和我约了时间聊天，我可高兴了。可我不知和您说什么好，我怕您看不起我。我想您要是不喜欢我，我干吗自讨其辱呢？索性，拉倒！我想尽量装得老练一些，这样，咱们才能比较平等了。

我说，若楔，你真有趣。你想要平等，却从指责别人入手，这就不仅事倍功半，简直是南辕北辙了。

若楔说，我知道了，下回，我想要什么，就直截了当地去争取。毕阿姨，我现在想要异性的爱情。您说怎么办呢？

我说，若楔啊，说你聪明，你是真聪明，一下子就悟到了点上。不过，你想要爱情，找毕阿姨谈可没用，得和一个你爱他，他也爱你的男子谈，才是正途。

若楔脸上的笑容风卷残云般的逝去了，一派茫然，说，这就是我找您的本意。我不知道他爱不爱我，我更不知道自己爱不爱他。

若楔说着，从皮夹子里，拿出一张折叠得整整齐齐的纸，递给我。

我原以为是一个男子的照片，不想打开一看，是淡蓝色的笺纸，少男少女常用的那种，有奇怪的气息散出。字是虾红色的，好像用毛笔写的，笔锋很涩。

这是一封给你的情书。我看了，合适吗？读了开头火辣辣的称呼之后，我用手拂着笺纸说。

我要同您商量的就是这封情书。它是用血写成的。

我悚然惊了一下，手下的那些字，变得灼热而凸起，仿佛烧红的铁丝弯成。我屏气仔细看下去……

情书文采斐然，述说自己不幸的童年，从文中可以看出，他是若楔同校不同系的学友，在某个时辰遇到了若楔，感到这是天大的缘分。但他长久地不敢表露，怕自己配不上若楔，惨遭拒绝。毕业后他有一份尊贵的工作，想来可以给若楔以安宁和体面，他们就熟识了。在若即若离的一段交往之后，他发现若楔在迟疑。他很不安，为了向若楔求婚，他特以血为墨，发誓一生珍爱这份姻缘。

"人的地位是可以变的，所以，我不以地位向你求婚。人的财富是可以变的，所以我也不以财富向你求婚。人的容貌也是可以变的，所以我也不以外表向你求婚。唯有人的血液是不变的，不变的红，不变的烫，从我出生，它就灌溉着我，这血里有我的尊严和勇气。所以，我以我血写下我的婚约。如果你不答应，你会看到更多的血涌出……如果你拒绝，我的血就在那一瞬永远凝结……"

我恍然刚才那股奇特的味道，原来是笺上的香气混合了血的铁腥。

你现在感觉如何？我问若榍。并将虾红色的情书依旧叠好，将那一颗骚动的男人之心，暂时地囚禁在薄薄的纸中。

我很害怕……我对这个人摸不着头脑，忽冷忽热的……可心里又很有几分感动。血写的情书，不是每个女孩子都有这份幸运的。看到一个很英俊的男孩，肯为你流出鲜血，心里还是蛮受用的。我把这份血书给好几个女朋友看了，她们都很羡慕我的。毕竟，这今年头，愿意以血求婚的男人，是太少了。

若榍说着，腮上出现了轻浅的红润。看来，她很有些动心了。

我沉吟了半晌。然后，字斟句酌地说，若榍，感谢你信任我，把这么私密的事告诉我。我想知道你看到血书后的第一个感觉。

若榍说……是……恐惧……

我问，你怕的是什么？

若榍说，我怕的是一个男人，动不动就把自己的血喷溅出来，将来过日子，谁知会发生什么事？

我说，若榍，你想得长远，这很好。婚姻不是一朝一夕的事情。每个女孩子披上嫁衣的时候，一定期冀和新郎白头偕老。为了离婚而结婚的女人，不是没有，但那是阴谋，另当别论。若榍，除了害怕，当你面对另一个人的鲜血的时候，还有什么情绪?

若樨沉入到当时的情景当中，我看她长长的睫毛在急速地眨动，那是心旌动荡的标识。

我感到一种逼迫，一种不安全。我无法平静，觉得他以自己的血要挟我……我想逃走……若樨喃喃地说。

我看着若樨，知道她在痛苦地思索和抉择当中。毕竟，那个男孩迫切地需要得到若樨的爱，我一点都不怀疑他的渴望。但是，爱情绝不是单一的狙击，爱是一种温润恒远。他用伤害自己的身体，来企图达到自己的目的，如果一朝得逞，我想他绝不会就此罢手。人，或者说高级的动物，是会形成条件反射的。当一个人知道用自残的方式，可以胁迫他人按照自己的意志行事的时候，他会受到鼓励。

很多人以为，一个人的缺点，会在他或她结婚之后，自动消失。我觉得如果不说这是自欺欺人，也是一厢情愿。依我的经验，所有的缺陷，都会在婚姻之后变本加厉地发作。婚姻是一面放大镜，既会放大我们的优点，也毫不留情地放大我们的缺点。因为婚姻是那样的赤裸和无所顾忌，所有的遮挡和礼貌，都会在长久的厮磨中褪色，露出天性粗糙的本色。

……也许，我可以帮助他……若樨悄声地说，声音很不确定，如同冷秋的蝉鸣。

我说，当然，可以。不过，你可有这份力量?他在操纵你，你可有反操纵的信心?我们不妨设想得极端一些，假如你们终成眷属，有一天，你受不了，想结束这段婚姻。他不再以血相逼，升级了，干脆说，如果你要离开我，我就把一只胳膊卸下来，或者自戕……到那时，你又该如何应对呢?如果你说，你有足够的准备承接危局，我以为你可以前行。如若不是……

若樨打断了我的话，说，毕阿姨，您不要再说下去了。我外表虽然反叛，但内心里却是柔弱的。我没办法改变他，和他在一起的时候，我很不安全。我不知道在下一分钟他会怎样，我是他手中的玩偶。

那天我们又谈了很久，直到沏出的茶如同白水。分手的时候，若榍说，您还没有评说我的头发？

我抚摸着她的头，在樱粉和姜黄色的底部，发根已长出漆黑的新发。我说，你的发质很好，我喜欢所有本色的东西。如果你觉得这种五花八门的颜色好，自然也无妨。这是你的自由。

若榍说，这种头发，可以显示我的个性和自由。

我说，头发就是头发，它们不负责承担思想。真正的个性和自由，是头发里面的大脑的事，你能够把神经染上颜色吗？

关于爱的奇谈怪论

爱是人们常常谈论的话题,因为在空气、水分、食物和安全之后,就是我们的爱了。比如安全这问题,表面上看来是对环境的要求,其实是一种爱的深化,我们只有在爱中,才感觉自己是有价值,是值得爱护保护珍惜和发展的。一个丧失了安全感的人,是无法从容爱自己和爱世界的。比如人际关系,更是爱的浓缩和放大。难以设想,一个不爱他人的人,会有广泛的朋友和良好的社会关系。当然,他的身旁可能会聚集着一些人,但那不是心灵的需要,只是利益的驱使。谈到自我实现,更是爱的高级阶段。因为你的爱,超越了一己的范畴,才扩展到更广阔的人和事物。在这种升腾与弥散的过程中,爱变成一种柔和的光芒,从一个核心的晶体稳定地散发着,把温暖和明亮,播扬到远方。

但是,当人们议论起爱的时候,却有着许多混淆和迷乱的地方。爱成了一个花脸,大家都随心所欲地涂抹着它的面孔,把自制的油彩敷在它的嘴角和眉梢。

爱于是变得面目诡谲和莫测起来。有几个流传很广的说法,我想提出讨论。

其一:爱和年龄有关吗?

这是人们通常不付诸书面,但却彼此心照不宣的概念。具体意思是——只有年轻人才享有充沛富饶的爱意,它的浓度随着年龄的增长而逐步递减,从高耸的爱的山峰萎缩至贫瘠的爱的荒原。由于这一假设的存在,年轻人因此而沾沾自喜,觉得自己仿佛享有一个爱的太平洋,可以不加计算地挥霍爱意。上了年龄的人则很气馁，当谈到爱的时候，很有一些王顾左右而言他的窘迫。爱的门扉已经像一间到了下班时间的商场，缓缓关闭。店员们带着疲惫的笑容在重复着"谢谢光临"，你也花光了所有的积蓄，即使别人不翻白眼，自己也无颜再耽搁，只有缩起脖子夹着尾巴却步抽身，才是明智之举。

有一种影响约定俗成——那就是——爱——似乎是年轻人的专利，或者只有他们才有深入探讨的必要。当人们说到中年或老年人的爱意时，会扭扭捏捏地觉得那是一种爱的残次品，不那么正宗，不那么地道。比如在形容青年以上年纪人的爱情的时候，基本不会用"火热"这个词，而只以"温馨"替代。毋庸置疑，温馨比火热的温度，要差着好几个数量级呢。

在人们约定俗成的看法中，爱是有年龄限制的。它大量地存在于生命旺盛的青少年，而较少地分泌于生命渐趋平稳和衰落的成熟和晚期。

这岂止是谬误的，首先是奇怪的。它把爱这种密切属于人类的高等和神圣的感情，简化到相当于睾丸素、黄体酮之类内在的荷尔蒙分泌物和诸如皱纹和胡须这种简单的外在指标了。

这必然首先牵涉到爱是一种生理现象还是一种精神现象？

持年轻人拥有最多的爱意的看法的人，其实是把爱定位在激素特别是性激素的产量上了。如果这样来看，年轻人是一定会把老年人打败的。但不幸或者是有幸的是，爱是一种精神的状态，是一种需要不断修炼和提高的艺术，是一种积累经验审视自我的完善过程。因此，爱是和年龄无关的。

证据就是，爱可以在年轻人那里发生，也可以在老年人那里发生。从有人类以来的无数故事和历史可以证明，爱不是年龄的产品，它是心灵的能力。

其二：爱和对象有关。中国有一句俗语，现在被人用得越来越多了,那就是——遇人不淑。原来是女人专用的,如今也常常听到被抛弃和要弄的男人长吁短叹此词。爱错了人的惨剧,古往今来,总是屡屡发生。人们在歆歔之余,总是悲叹那薄命女子痴情汉,怎么不把眼睛拭亮,偏偏遇到了不该爱不能爱的人,糊里糊涂地就爱上了,且爱得水深火热?!

于是顺理成章地归纳出:在此情此景中,爱是没有过错的,错的是那爱的对象,不能承接爱,不能感悟爱,不配得到爱……总之一句话——所爱非人。不是有一首很有名的歌吗,叫做"爱上了一个不该爱的人"……

这就很有一点讨论的必要了。

爱在这种悲剧中,似乎是孤立的一盆水,可以从楼台上闭着眼睛,泼到任何一个人的头上,凭的是冥冥之中的概率。和那个施爱者是没有关系的。甚至有一种可怕的论调,爱是盲目的,爱是碰运气,爱是不可知不可测定的,爱是没有规律的……

爱在这里蒙上了宿命和诡谲的色彩,被妖魔化了之后,躲在命运的山洞里,伺机以画皮的模样谋害我们。

这样以少数人的愚蠢所导致的失利,来嫁祸于爱的清白之躯,是不公平和不正派的。

爱是一个正常心智的明媚选择,它积聚了一个人的精神能量和所有的素养智慧,是综合力量的体现。它首先表现在施爱者是有力量和有眼光的。如果你根本没有爱的能力,好比压根就不会游泳,你误入爱的海洋,你被淹得两眼翻白,甚至有生命危险,但这不是海洋的水的过错,这是因为你对自己的技艺的判断失误。这是你的责任,怎么能迁怒于一望无际波澜壮阔的大海呢?人们对于自然界是如此的宽宏大量和易于理解,为什么就对与我们休戚与共的爱,如此苛求相逼呢?这后面是否掩藏着我们人类对自己的宽纵和对无言情感的肆意欺凌呢?你爱错了,责任在你。不但说明你的眼睛不亮，视力散光，聚焦不准，而且说明你根本就不懂得什么是爱。灾祸发生之后，搞清楚责任，是一件很痛苦和扫兴的事情，特别是在枝蔓生长到一败涂地的时候，挖掘出最初那悲惨的种子，原来竟是自己亲手播种，当灾异显出狰恶之相时，自己非但没有亡羊补牢斩草除根，反倒以血饲虎姑息养奸以致贻害无穷……需要极大的勇气和力量审判自己。

甚至可以武断地说，由于这类悲剧事件的主人公，原本就对爱的理解，颇多肤浅偏颇，当他们气定神闲的时候，你都不能指望他们的明智与清醒。在危机倒海翻江而来的时候，期待他们能有很好的自省力度，几近奢望。同时，我也深信，不幸的现场，如果妥加发掘，是一堂虽然付出高昂学费，但也会物有所值的宝贵课堂。有时，幸福这个老师，和颜悦色地教授给你的学问，绝对逊色于灾难声色俱厉的鞭挞。可惜的是，浑身伤痕的爱的败阵者，怨天尤人地呓语着，骂遍了天下人，单单饶过了自己。所以，我很想煞风景地提醒一下善良的人们，对在爱的战役中的败将，如果他或她没有对自身的反思和批判，如果在交了一笔昂贵的爱的学费之后，学会的只是指责怨恨，那么，无论他或她显出多么楚楚可怜的模样，你可以帮助以金钱，却勿倾泻情感。他们不懂真爱，还需努力学习。

搞清爱的最主要方面，不是在于爱的对象，而在于爱的主体，是沉冷严峻的判断。当你在人世间承受着种种知识的积累的时刻，你还需不断地历练对于爱的思索和实践。你要善于总结经验。如果不把主要的光圈聚焦在自己的爱的基准上，只是在大千世界的林林总总中发泄怨气、推卸责任，你就不但受到了来自他人的情感重创，而且还丢失了以后避开类似伤害的亡羊补牢的篱笆。

有很多人以为，只要成功地找到了一个可爱的人，爱就如霍乱病菌一般，自动地以几何数量级地滋生起来，剩下的事，就是不断地收获爱的果实了。爱主要是一个寻找的过程。找对了，就一好百好，找错了，就一了百了。是一件虎头蛇尾的事，成败仅仅维系在开端部分。

于是，找到那爱的对象就成了千钧一发生死未卜的事件。此事一完成，就马放南山，刀枪入库，只剩等着岁月这个发牌员，验证我们当初押下的签了。

爱是一时一事还是一生一世？

爱是一锤定音还是守护白头？

爱是一失足成千古恨还是勤勉呵护日积月累？

爱是变数还是常数？爱是概率还是守恒？

……

你的爱情等待你的看法。你的爱情验证你的看法。你能够有什么样的爱情观，你就有什么样的爱情。你的观念就是你的命运。

原谅我说得这般决绝甚至带有一点霸道。因为它实在太简单了。引发悲惨结局的肇事者，常常不是对复杂事物的判断，而是对常识的藐视和忽略。

修补爱情

东西用得久了，便会磨损。小到一双鞋子，大到整个天空。于是诞生了修补这个行当。从业人员从街头古朴的老鞋匠，到谁都未曾谋面的一位叫做女娲的神仙。

只有珍贵的东西，才需要修补。我们不会修补一次性的筷子和菲薄的面巾纸，但若损坏的是一双象牙筷子和一幅名贵字画，又是家传的珍宝和友人的馈赠，那就大不一样了。你会焦灼地打探哪里有技术高超的工匠，为了让它们最大限度地恢复原貌，不惜殚精竭虑。

我们修补，是因为我们怀有深情。在那破损的物件的皱褶里，掩藏着岁月的经纬和激情的图案。那是情感之手留下的独一无二的指纹，只属于特定的人和特定的刹那。

考古人员修复文物，所费的精力，绝对大于再造一件新品。比如一个陶罐，掉了耳朵，破了边沿，漏了帮底，假若它是新出厂的，肯定扔在垃圾箱里，但在修复者眼里，它们是不可替代的唯一。于是绞尽脑汁，将它复原到美轮美奂。陶罐里盛着凝固的历史和永恒的时间。

修补是一个工程，需要大耐心，大勇气，大智慧。耐心是为了对付那旷日持久的精雕细刻，是为了在漫长的修复过程中，坚定自己的信念和抵御他人的不屑。智慧是为了使原先的破损处，变得更加牢靠而美观。

人们常常担心修补过的器物，是否还有价值。也许在外观上会遗有痕迹，但在内在品质上，修补处该更具强韧的优势。听一位师傅说，锔过的碗，假如再摔于地，哪怕别处都碎成指甲盖大的碗碴，但被锔钉箍过的瓷片，依旧牢牢地拢在一起。

爱情是我们一生中最需精心保养的器皿，它具备可资修补的一切要素。爱是珍贵的，爱是久远的，爱是有历史的，爱是渗透了情感的，爱是无价之宝。

爱情的修理工，不能假手他人，只能是我们自己。当我们签下爱情契约的时候，也随手填写了它的保修单。我们既是爱情的制造者，也是它的使用者和维修者。这种三合一的身份，使人自豪幸福也使人尴尬操劳。爱情系统一旦出了故障，我们无法怨天尤人，只有痛定思痛地查找短路，更换原件，改善各种环境和条件……

古书上说，假如宝玉有了裂纹，可用锦缎裹，肌肤相亲，昼夜不离身，如此三年。那美玉得了人的体温滋养，就会渐渐弥合，直至天衣无缝，成为人间至宝。

不知这法子补玉是否灵验？若以此法修补爱情，将它放进两颗胸膛，以血脉灌溉，以精神哺育，以意志坚持，以柔情陶冶，它定会枯木逢春，重新郁郁葱葱。

婚姻鞋

婚姻是一双鞋。

先有了脚,然后才有了鞋。幼小的时候光着脚在地上走感觉沙的温热,草的润凉,那种无拘无束的洒脱与快乐,一生中将我们从梦中反复唤醒。

走的路远了,便有了跋涉的痛苦。在炎热的沙地被炙得像鸵鸟一般奔跑,在深陷的沼泽被水蛭蜇出肿痛

人生是一条无涯的路,于是人们创造了鞋。

穿鞋是为了赶路,但路上的千难万险,有时尚不如鞋中的一粒砂石令人感到难言的苦痛。

鞋,就成了文明人类祖祖辈辈流传的话题。

鞋可由各式各样的原料制成。最简陋的是一朵新鲜的芭蕉叶,最昂贵的是仙女留给灰姑娘的那只水晶鞋。

无论什么鞋,最重要的是合脚;不论什么样的姻缘,最美妙的是和谐。

切莫只贪图鞋的华贵,而委屈了自己的脚。别人看到的是鞋,自己感受到的是脚。脚比鞋重要,这是一条真理。许许多多的人却常常忘记。

我做过许多年医生,常给年轻的女孩子包脚。锋利的鞋帮将她们的脚踝砍得鲜血淋淋。粘上雪白的纱布,套好光洁的丝袜,她们袅袅的走了。但我知道,当翩翩起舞之时,也许会有人冷不防地抽搐嘴角,那是因为她的鞋。

看到过祖母的鞋,没有看到过祖母的脚。她从不让我们看她

的脚,好像那是一件秽物。脚驮着我们站立行走,脚是无辜的,脚是功臣。丑恶的是那鞋,那是一副刑具,一套铸造畸形残害天性的模型。

每当我看到包办而蒙昧的婚姻,就想到了祖母的三寸金莲。

幼时我有一双美丽的红皮鞋,但鞋窝里潜伏着一只夹脚趾的虫。每当我不愿穿红皮鞋时,大人们总把手伸进去胡乱一探,然后说:"多么好的鞋,快穿上吧!"为了不穿这双鞋,我进行了一个孩子所能爆发的最激烈的反抗。我始终不明白:一双鞋好不好,为什么不是穿鞋的人具有最后的否决权?!

旁的人不要说三道四,假如你没有经历过那种婚姻。

滑冰要穿冰鞋,雪地要穿雪靴。下雨要穿雨鞋,旅游要有运动鞋。大千世界,有无数种可供我们挑选的鞋,脚却只有一双。朋友,你可要慎重!

少时参加运动会,临赛的前一天,老师突然给我提来一双橘红色带钉跑鞋,祝愿我在田径比赛中如虎添翼。我褪下平日训练的白网鞋,穿上像橘皮一样柔软的跑鞋,心中的自信也突然溜掉了。鞋钉将跑道镂出一溜齿痕,我觉得自己的脚被人换成了蹄子。我说我不穿跑鞋,所有的人都说我太傻。发令枪响了,我穿着跑鞋跑完全程。当我习惯性地挺起前胸,去冲撞冲刺线的时候,那根线早已像绶带似的悬挂在别人的胸前。

橘红色的跑鞋无罪,该负责任的是那些劝说我的人。世上有很多很好的鞋,但要看适不适合你的脚。在这里,所有的经验之谈都无济于事,你只需在半夜时分,倾听你脚的感觉。

看到那位赤着脚参加世界田径大赛的南非女子的风采,我报以会心一笑:没有鞋也一样能破世界纪录!脚会长,鞋却不变。于是鞋与脚,就成为一对永恒的矛盾。鞋与脚的力量,究竟谁的更大些?我想是脚。只见有磨穿了的鞋,没见有磨薄了的脚。鞋要束缚脚的时候,脚趾就要把鞋面挑开一个洞,到外面去凉快。

脚终有不长的时候,那就是我们开始成熟的年龄。认真地选择一种适宜自己的鞋吧!一只脚是男人,一只脚是女人,鞋把他们联结为相似而又绝不相同的一双。从此,世人在人生的旅途上,看到的就不再是脚印,而是鞋印了。

削足适履是一种愚人的残酷,郑人买履是一种智者的迂腐;步履维艰时,鞋与脚要精诚团结;平步青云时切不要将鞋儿抛弃……

当然,脚比鞋贵重。当鞋确实伤害了脚,我们不妨赤脚赶路!

婚姻有漏

实行计划生育多年,当年的婴孩开始踏上婚姻的红地毯。现在要想找一个家中有兄弟姐妹的配偶,概率已越来越稀少。在法院工作的朋友告诉我,双方都是独生子女的婚姻,离婚率相当高,且从结婚到离婚的时间短,甚至只有几天。我吓了一跳说,为什么?她说,理由当然是各式各样的,但我看,主要是婚姻有漏。

事情之发生,都有一个原因。这个原因如果不纯粹,就是婚姻有漏。漏是沙漏的漏,一个缓缓下旋的洞。情感有多少血液,经得住这般从夏到秋夜以继日的漏?一个有漏的婚姻,从一开始就是不结实的。当所有的情感都漏光的那一天,婚姻就瘪了。

那么,婚姻的理由究竟是什么呢?有的人因为世俗的压力,父母的祈盼,舆论的导向,甚至觉得在玩一个有趣的游戏。有的人以为那是一笔投资,一注筹码,一套吃饭的碗筷,一栋半山上的豪宅。有的人只是头脑发热荷尔蒙亢奋,更可怕的还有政治与经济的陷阱与阴谋,都会织进婚姻之内。

除了这些以往婚姻中常见的漏,朋友说,独生子女的婚姻漏,最高发的是他们太想找到朝夕相伴的手足(这当然不是错),但是,却缺少和兄弟姐妹亲密相处的经验。他们缺少忍耐。

婚姻是需要忍耐的。长久的持续的充满定力的忍耐。忍耐一个任性的姑娘成长为干练的妻子,忍耐一个办事不牢的小伙子成为坚如磐石的汉子。忍耐孩子在啼哭和不断摔跤中长大,忍耐彼此的白发和倦怠。忍耐性格的摩擦和裂变,忍耐孤独与风寒……

婚姻无漏的理由只有一个,那就是爱。因为有了爱,才会长出茁壮的忍耐。忍耐磨砺着爱的光洁,使它在坚硬的同时润泽而美丽。

速递喜糖

　　来访者是两个人，一男一女，大约三十多岁的年纪，衣着整洁，面容平和。一般人如果有了浓重的心事，脸上是挂相的，但这两个人，看不透。第一眼我都不知道到底谁发生了问题。

　　我说，你们到我这里来，有什么需要讨论的？

　　穿一身笔挺西服的男子说，我是大学的副教授。

　　端庄女子说，我是他的未婚妻。

　　我现在明白了他们之间的关系，可还是搞不清到底出了什么事。我看着他们，希望得到更进一步的说明。

　　女子满脸微笑地说，我们就要结婚了。

　　难道是要来做婚前辅导的吗？男子不愧是给人答疑解惑的老师，看出了我的迷惘，说，我们很幸福……

　　我越发摸不到头脑了。一般来说，特别幸福的人，是不会来见心理咨询师的。这就像是特别健康的人，不会去看医生。

　　女子有些不满地说，我们并不像外人看到的那样幸福。的确，我们是在商量结婚，但是如果他的问题不解决，我就不会和他结婚，这就是我督促他来看心理医生的原因。现在，我们到底能不能结成婚，就看在你这里的疗效了。

　　我还是第一次碰到这样棘手的问题———一对男女，到底结的成婚还是结不成婚，全都维系于心理医生一身，这也太千钧一发了吧？我说，我会尽力帮助你们。但是，首先让我们搞清楚，到底出了什么问题？

　　副教授推了推眼镜对未婚妻说，我觉得这不是个问题，是你非要说这是个问题。那么好吧，就由你来回答。

女子愤愤不平地说，这当然是个问题了。要不，我们问问心理医生，看到底算不算个问题?!

于是，他们两个就眼巴巴地看着我，我是真叫他们搞糊涂了。我被他们推为裁判，可截止到目前，我还根本不知道进行的是何种赛事!

我说，你们俩先不要急。请问，这个问题，到底是谁的问题?

女子斩钉截铁地说，是他的问题。

男子说，我不觉得是个问题。

女子着急起来，说，你每个月都把自己的工资花得精光，博士毕业后工作八年了，拢共连一万块钱都没攒下来，你说这是不是个问题呢?

我还是有点摸不着头脑。并不是每个博士都很富有，如果他的钱用到了其他地方，比如研究或是慈善，没有攒下一万块钱，似乎也不是非常大的问题。

男子说，你说过并不计较钱，我也不是个花花公子。每一笔钱都有发票为证，并没有丝毫的浪费。这怎么就成了问题了?

女子说，这当然是问题了。你是强迫症。

男子说，关于强迫症，书上是这样描述的——强迫症是指以强迫症状为主要临床表现的神经症。患者知道强迫症状是异常的，但无法控制、无法摆脱。临床上常表现为强迫观念、强迫意向、强迫行为。如强迫计数，即不由自主地计数。强迫洗手，即因怕脏、怕细菌而不断反复地洗手。强迫仪式动作，即以一种特殊的动作程序仪式性地完成某些行为……要知道，我没有犯其中任何一条。副教授滔滔不绝。

在心理诊室常常会碰到这种大掉书袋的来访者，他们的确是看了很多书，却还是对自己的问题不甚了了。

我说，我不知道自己理解得对不对：未婚妻觉得自己的未婚夫是强迫症，但是，未婚夫觉得自己不是。是这样吗？

两个人异口同声说，是的。

我说，你们谁能比较详细地说一说到底是什么症状？

女子说，我和他是大学同学，那时候，他好像没有这种毛病。中间有几年音讯全无，大家都忙。最近同学聚会又联络上了，彼此都有好感，现在到了谈婚论嫁的关头。我当然要详尽了解他的经济基础怎样了。我不是一个见钱眼开的女人，但要和一个人过一辈子，他的存钱方式花钱方式，也是我必须要明了和接受的现实状况。没想到，他说，自己几乎没有一分钱存款。我刚才说不到一万块钱，还是给他留了面子。我们都在高校里当老师，谁能拿到多少薪酬，大致是有数的。我知道他父母都过世了，也没有兄弟姐妹，这样就几乎没有额外花钱的地方。而且他不抽烟不喝酒，连这种花销也节省下了。那么，钱到哪里去了？我设想了几种可能，要么是他资助了若干个乡下孩子读书。如果是这样，结婚以后，就还要把这个善举坚持下去，不能虎头蛇尾，只是规模要适当缩小。要不他就是在暗地里赌博，把钱都葬进去了。我再想不出第三种可能性了。我问他，他说关于希望工程那方面，他还没有那么高尚，只是单位捐款的时候出过一些钱，并没有长期的大规模资助活动。关于赌博，他说自己没有那样邪恶，谦谦君子洁身自爱，要我相信他。我说，这也不是那也不是，钱到哪里去了？他淡淡地回答，钱都请客了。我说，你也不是开公司的，也不是公关先生，为什么要老请客呢？他说，他也不知道，就是喜欢大伙儿热热闹闹地在一起吃饭。我说，吃就吃呗，轮流坐庄。他说，没有什么轮流坐庄，也没有 AA 制，凡是有他出席的饭局，一概都是他买单。这样日积月累下来，就不是一个小数目，几乎把他的家底都耗费光了……

总算理出了一点头绪。我问副教授，是这样的吗？

副教授说，完全正确。这些年来，我是一个酷爱请客的人。不管是同学同事，还是朋友助手，甚至是萍水相逢的人，只要是到了饭点，我就不由自主地想请人吃饭。还不能凑合，不能到街边的大排档或是小店一碗面几个小菜就打发了，一定要到像模像样的馆子，正儿八经地坐下，铺上餐巾，倒上茶水，大张旗鼓地进餐……而且，一定要由我来结账。如果不是我结账，我会非常痛苦不安，觉得自己对不起人，没有尽到职责。您想想，现在吃饭也两极分化了，稍微上点档次的馆子，笑眯眯地宰你没商量。所以在这方面的花销积累起来，就不是一个小数字。特别是近年来水涨船高，我请人吃饭上了瘾，请的人越来越多，饭店的档次越来越高，这样就像一个无底洞，每月发的工资，加上我的稿费，还有补助费什么的，就一股脑儿地投入到里面。以前是我一个人过，说不上是钻石王老五，也能算个玻璃王老五。经济上实在紧张了，就忍痛少请两顿，以不欠外债为底线。现在打算成家，未婚妻对我的这个爱好深恶痛绝，让我有所节制。可是，我改不了。只要是大家在一起吃饭，我就要买单。如果谁不让我买，我就要跟他急，觉得是对我的权利的剥夺……未婚妻说我是强迫症，要我看心理医生，说要是不医好这个毛病，就不跟我结婚了。您说如何是好？

我恍然大悟。说真的，做心理医生也算阅人无数，以这种症状求助的，还真是头一份。开个玩笑：当时第一个反应就是——如果我身边有这样一个同事就好了，吃饭的时候就有饭辙了。

闲话少叙，面对来访者，不能有丝毫的走神。我说，咱们先不说这是个什么症，不扣帽子。我们来确认一下——每月请人吃饭到了两袖清风的程度，这是不是一个问题？

女子跳起来，说，这当然是一个问题了。

男子执拗地说，我觉得这不算问题。

我一直想和这个男子单独谈谈，但贸然地让未婚妻离场，对大家都不好。于是心生一计，对女子说，既然你觉得是问题，他觉得自己没有问题，那就请他走，咱们两个单独谈谈，你看如何？

女子大叫冤屈，说我又没有问题，咱俩谈，有什么用？钱包在他手里，每个月把钱花的一干二净的也是他，当然应该是他和您单独谈了。

我说，好啊。那我就和他单独谈谈，请您到外面等一下。

女子离开了。当房内只剩下我和副教授的时候，我对他说，现在，我希望您非常认真地回答我的问题。这就是——一个成年男子，每个月都把自己的薪酬花光了请人吃饭，变的无法控制，婚姻又面临着危机……您觉得这是一个问题吗？如果你觉得是个问题，咱们就向下讨论。如果你觉得这不是个问题，我会尊重你的意见，送你们离开，你已经交付的费用，会退还给你。天下没有人会去帮别人解决一个子虚乌有的问题。

说这些话，自己都觉得有点像绕口令，之后就是耐心等待。副教授愣了片刻，思忖着说，如果我一个人过下去，我就不觉得是个问题……但是，我现在要结婚了，这就是一个问题。因为婚姻是两个人的事情，还有经济压力……

承认这是一个问题，事情就有了曙光。在现实生活中，很多我们判断出有复杂问题的人，自己却浑然不觉，心理医生也只有尊重他们的选择，听之任之。毕竟这是助人自助的事业，如果本人不奋起变法，所有的外力都丧失支点。

我说，你想改变吗？如果你不想改变，你可以保持原先的做法。若你愿意改变，咱们就继续向下进行。所有的改变都会带来痛苦和不安，如果你没有做好准备，不妨好好思考后再做决定。

我并不打算用这些话激他，而是实事求是。不想副教授在未婚妻走出去以后，仿佛换了一个人，急切地说，我愿意改变。不单单是为了婚事。一个人挣了钱，却总是在迷迷糊糊之间就一贫如洗了，到了真正需要做研究买书或是旅游买房子买汽车的时候，身无分文，这让我很苦恼。说实话，我也用了书上写的治疗强迫症的方法，比如在自己的手腕上缠橡皮筋，一有了想请客的冲动，就拉紧橡皮筋，让那种弹射的疼痛提醒自己……但是，没有用。橡皮筋扯坏了多少根，把皮肤都绷肿了，可我还是一边忍着痛苦一边请客……副教授苦恼地看着自己的手腕，我看到那里有一圈暗色的痕迹，看来真是受了皮肉之苦。

我说，你的意思是说自己明知故犯？

副教授说，对。我是明知故犯。

我说，那你在这种请客的过程中，一定感到很快乐？

副教授说，你猜得很对，我就是感觉到快乐，非常快乐。如果不是快乐，我何能乐此不疲！

我说，最让你快乐的是什么时候？是哪一个瞬间？

副教授说，最让我快乐的是大家团团圆圆地围坐在一张大餐桌前，有说有笑地进餐，杯觥交错狼吞虎咽，欢歌笑语，其乐无穷。

我说，谢谢你这样坦诚地告诉我。不然，我还以为最让你快乐的瞬间是掏出皮夹子，一扬手几百上千的买单，十分豪爽。大家都觉得你是及时雨宋江一样的好汉，专门接济天下弟兄。

我佯作困惑。副教授说，您这样想就大错特错了。把钱花光，不过是个表象，给人留下慷慨大方的印象，并非我初衷。我喜爱的只是那种阖家欢乐的氛围。你知道，我的父母都不在了，也没有兄弟姐妹，所以，我所渴望的那种氛围，在通常的情况下，和我擦肩而过。大家都很忙，没有人陪着我玩，我只有自己用钱来买欢乐时光。这就是我花钱的动机。

哦哦，是这样。我已经初步理清了脉络，原来花钱如水只为掩盖孤独，原来聚啸餐馆只为千金买乐。

还要继续挖下去。我说，为什么阖家欢乐对你如此重要？

不想这个问题,让面容持重的副教授热泪盈眶。他说,我从小就在一个革命家庭里长大,父亲母亲永远把革命看得比我更重要。在我的记忆里,他们没有为我过一次生日,也从来没有带我去过公园。甚至逢年过节的时候,我也极少在家吃饭。永远都是脖子上挂着钥匙,到大院的食堂包伙。晚上一个人睡下,因为害怕,我把家里所有的灯都打开,困的实在受不了,才迷迷糊糊睡去。后来爸爸对我说,灯火通明太浪费电了,从此我就在黑暗中闭眼,觉得仿佛沉没到大西洋底下了。我把全家人能在一起吃顿饭,看成是最大的幸福。父母都在原子基地工作,后来又几乎在同一时间得了恶性肿瘤,英年早逝。他们以生命殉了所热爱的事业,但却给我留下无尽的伤痛。等我念完博士之后,回顾四望,孑然一身。在这个世界上,再也没有人能够分享我的快乐与哀愁,也没有人能弥补我内心深深的遗憾和后悔。我甚至都不知道自己后悔什么,我不能改变我的父母,我也不能再做什么了,唯一可以寄托愿望的就是请一帮朋友吃吃喝喝。我知道这里面并没有多少可以肝胆相照的人,但我如痴如醉地喜欢那种其乐融融的气氛,让我恍惚回到了童年的梦想……

不知何时,副教授已泪流满面。

我把纸巾盒推给他。他把一叠纸巾铺在脸上,纸巾立刻就湿透了。

许久之后,我说,其实你是用金钱,完成自己的一个愿望。

副教授说,是。

我说,你完成了吗?

副教授说,没有。当我这样做了之后,得到了暂时的满足。但曲终人散之后,是更深的孤独。我期冀着下一次的欢聚,但也深深知道,之后就是更深刻的寂寞。我好像进入了一个怪圈。如果不请人吃饭,我很难受。如果请人吃了饭,我更难受。

我说，看来请人吃饭这件事，并不是救赎你的好方法。且不论你是否有足够的财力支撑这种宾客大宴，也不论人家是不是都会来捧场，起码，你没有从这种方式之中获得解脱。

　　副教授说，正是这样。

　　我说，如果你有一天再去祭奠你的父母，请在他们的墓前，表达像我这样的普通中国人，对他们的怀念和对他们所做出的牺牲的敬意。

　　副教授点点头说，他们为了祖国的强盛，贡献出了自己的生命。

　　我说，不仅仅是这样。包括你——他们的孩子，直到今天所蒙受的这种痛苦，也是他们所做出的牺牲。那个时代的人，忽略了对儿女的亲情，让你在一个很少有爱意流露的空间里长大。直到今天，你还在追索这种温暖的家庭氛围。我想，这既有那个时代的必然，也有你父母对你的忽略。这一切，都无法改变。如果你还心存怨怼，你可以到父母的墓前诉说，我相信他们愿意用一切来弥补对你的爱，只是这已不能用通常的方式让你感知。然后，我建议你把这一切都告知你的未婚妻，让她更深入地了解你。这不是你的失控，而是有更深在的心结。当这一切都完成之后，我觉得你还可以把事情的原委，告诉你那一批常常聚餐的朋友，我相信他们也愿意和你一起分担改变。至于具体的请客频率，你也不必一下子对自己要求太高，可以循序渐进。你给自己定一个计划，一点点地减少用于会餐的费用。你看如何？

　　副教授很认真地想了很久，说，我看可行。

　　大约半年以后，我接到了副教授的电话，说，我请你吃饭。

　　我说，谢谢你。谁付费啊？

　　副教授说，当然是我。

　　我说，我不去吃。

副教授说，这一顿饭，你一定要吃。这是我的婚礼。

我说，恭喜你们。只是，心理医生不能和来访者有宴请这类的私下关系。我只能在远处祝福你们。

副教授说，我已经提前完成了压缩请客开支的计划，现在已经基本正常了。

我说，从你结婚这件事，我猜你已皆大欢喜。

过了几天，我收到了一包速递来的喜糖。没有喜帖，也没有名字，但我知道它们来自哪里。

家中的气节

我想说，家中无气节。这话，肯定不堪一击。中国人饿死事小，失节事大，哪里敢辱没气节的风姿呢？但我指的只是家中的琐碎，不过借用一下此词的英名。

世上举案齐眉的家庭一定是有的，不能以我等瓢勺相碰的日子，揣测人家的和睦是虚伪。但也一定不多，因为矛盾的普遍性制约着我们。

大多数家庭都时常爆发争执，像界碑不清的小国，边境冲突不断。要是演变成正式宣战，干脆离婚罢了，也不在范畴之内。那些先是苦恋苦爱，既争执不断，又处于冷战状态的家庭，似有讨论气节的余地。

有多少原则问题呢？真正的国计民生，大概并不构成分歧的核心。甚至对家庭的大政方针，比如孩子要上大学，父母要延年益寿，工作要努力，住房要增加……双方也是高度和谐统一的。问题往往出在一些很小的分工或是态度的优劣上，比如你是做饭还是洗衣？你为什么不和颜悦色而是颐指气使……有时，简直就不知是为了什么，双方把外界的怒气直接打包带回家，单刀直入地进入了对峙阶段，除了不扔原子弹，家庭阴冷的气氛同大战无异。

为了对付这种莫名其妙的僵持，时新杂志上登出了许多驭夫或是驭妻的"诀窍"，教你如何化干戈为玉帛，这些供人莞尔一笑的小诀窍，不知灵不灵。我看这其中的死结——就是如何对待家中的气节。

家是什么呢？是一对男女的永不毕业的大学，是适宜孩子居住的圣殿。是灵魂的广阔海滩,精神的太阳浴场。我们在尘世奔波,会见他人时的种种面膜,需在家中清洗复原。意志的疲软顿挫,需在亲情中柔软着陆。人们以为家中的人多温柔和蔼,真是错了。在涡轮般旋转的今天,家居的人也许比街市的人更脆弱,更敏感,更易冲动激怒。

常常听到因小事争吵的女人说,我从此不理丈夫,等他来同我说第一句话。男人就更是不肯低下高昂的头,好像家是宁死不屈的刑场。

冷漠后恢复交谈的第一句话真是那么重要吗?重于我们曾经有过的一生一世的寻找?第二句话真就那么卑下吗?低贱到后发制人,丧失了品格和尊严?第三句话真就那么平淡吗?淡到它如同抛弃我们以前拥有过的万语千言?

什么是家中的气节?既然我们相爱,爱就是我们共同的气节。你的失态,在我看来,是你的思绪溃败了。在这一个瞬间,我是你的强者。原谅,宽恕,包容和鼓励,就是家庭永远长青的气节。

有些人以沉默对持冷漠,消极地把缰绳交给时间。时间通常是一个中性的调解员,会使人们渐渐恢复冷静。但孤寂中只顾自家意气的男女不要忘了,时间也会跟我们开居心叵测的玩笑呢。当你缄默着不肯谅解时,家的瓶颈便出现第一道裂纹。继续对抗下去,锤子无聊地敲击着婚姻之瓶,随着时间的叠加,瓶子也许訇然破碎。

太看重一己气节的人,其实是一种枯燥的自你以为在亲人面前挣得了面子,失去的却是尊重与宽容。片刻的满足带来长久的隐患,聪明的男人和女人,千万别因小失大。

分歧时,不必拍案而起。争执起,义正辞可不严。有失误,莫要声色俱厉。灾临头,携手共赴家难。如果一定要有家中气节,我想这几条该在其中。

非血之爱

爱,有无数种分类法。我以为最简明的是——以血为界。

一种是血缘之爱,比如母亲之爱亲子,儿子之爱父亲,扩展至子孙爱姥姥姥爷爷爷奶奶,亲属爱表兄表弟堂姐堂妹……甚至爱先人爱祖宗,都属于这个范畴。

还有一种爱在血外,姑且称为——非血之爱。比如爱朋友,爱长官,爱下属,爱动物……最典型的是爱自己的配偶。

血缘之爱是无法选择的,你可以不爱,却不可能把某个成员从这条红链中剜除。一脉血缘在你诞生之前许久,已经苍老地盘绕在那里,贯穿悠悠岁月。血缘之爱既至高无上又无一伦比的沉重,也充满天然的机缘和命定的随意。它的基础十分简单,一种名叫"基因"的小密码,按照数学的规律递减着,稀释着,组合着,叠加着,遂成为世界上最神圣最博大的爱的基石。

非血之爱则要奇诡神秘得多。你我原本河海隔绝,天各一方,在某一个瞬间,突然结成一体,从此生死相依,难道不是人世间最司空见惯又最不可思议的偶然吗?无数神鬼莫测的巧合混杂其中,爱与恨泥沙俱下无以澄清。激情在其中孕育,伟大与卑微交织错落。精神与人格,在血之外的湖泊中遨游,搅起滔天雪浪,演出无数悲欢离合的故事……爱恋的光谱,比最复杂的银河外星系轨道,还难以预计。

血缘之爱使我们感知人间最初的温暖与光明,督我们成长,教我们成人。它是孤独人生与大千世界的脐带,攀援着它,我们一步步长大,最终挣脱它的羁绊,投入血外之爱。然后我们又回归,开始血缘之爱新的轮回。

血缘之爱是水天一色的淳厚绵长，非血之爱更多一见钟情的碰撞和千折百回的激荡。

血缘之爱有红色缆绳指引，有惊无险，经历误会顿挫，多能化险为夷，曲径通幽。非血之爱全凭暗中摸索，更需要心灵与胆魄烛照，在苍莽荒原中，辟出人生携手共进的小径。非血的爱，使每个人思考与成长，比之循规蹈矩的血缘，更考验一个人心智。

爱一个和你有血缘关系的人，是一种本能，一种幸福，一种责任，一种对天地造化的缠绵呼应。

爱一个和你没有血缘关系的人，是一种需要，一种渴望，一种智慧，一种对美与永恒的无倦追索。

我们一生，屡屡在血与非血的爱中沐浴，因此而成长。

女思考者

女思考者

女思考者

男人和女人的区别

女人什么时候开始享受

性感的进化

女也怕

儿子方程式

儿子渐渐长大,常有惊人之语,逼你不断地想到"代沟"这个词。

很想同他好好地谈谈"异性"这个问题。做母亲的,就像一只老狐狸,什么都想教给孩子。

只是怎么谈呢?亲近有时是一道纱屏障,影影绰绰又无法挑开。

机会终于来了。海外的朋友寄来刊物,内有一份面向少男少女的问卷。题目是:"异性的哪种特质最吸引你?"回答方式类似考试的多项选择题,列了诸条标准,你只需——回答"是"还是"否"。通篇做下来,你对异性的标准就昭然若揭了。

我对儿子说:"喂!这里有一份很有趣的表格,你不想填一填吗?"

他拿过刊物,飞快地掠了两眼,说:"我知道你想了解我的心。可是我拒绝回答你。"便把表格掷还。

我一点都不意外这回答。这个年纪的孩子,常以"不服从"来向世界证实自己的价值。我说:"我作为一个母亲,想了解你的心,并不是什么不可思议的事。一个人应当心底无私天地宽。大丈夫,端的是襟怀坦白无事不可对人言。若以兴国为己任,不扫一室何以扫天下?"

对付这种混沌初开的少年,我知道他们既自负又极易受他人影响,既鄙弃权威又崇拜名言。于是我也因地制宜,五色杂糅,中西合璧来个地毯式轰炸。

果然,他默不作声,表示在思考。我审时度势,再烧一把火。

不过,要换一个角度。

我说:"嘿!这表中有一个词,我不懂。诚心诚意请教你。"

儿子一下来了情绪,问:"哪个词?"

"喏,就是这表上的第十四条:你是否喜欢'酷'——是残酷的意思吗?这真是个可怕的问题。不管男孩女孩,都不该喜欢残酷。"我很严肃地说。

儿子嘻嘻笑了。"吓!连'酷'都不懂,还算什么作家?'酷'就是冷峻漠然的样子,是个好词。"

我说:"喔,但是不管怎样,我还是不喜欢这个'酷'。"

儿子叹了一口气,是少年人那种没有忧愁意味的短促叹息。说:"我们班很多同学喜欢'酷'的,可是我不喜欢。"

我趁热打铁,说:"人和人的看法有时很不同。这样吧,我将着这表格读出它列的种种品质,你简单地回答'是'还是'否'就行了。好,我们现在就开始。"我不给他以喘息抉择的机会,擎着表念起来。

"你觉得异性最吸引你的特质是——第一条:健康?"

儿子不知不觉中已纳入我的轨道。他几乎毫不迟疑地回答:"不。健康不重要。我不在乎是不是健康。"

我像被一下子塞了半个冷窝头,瞪着眼,噎在那里。

真是少年不知愁滋味啊,他居然敢说健康不重要!真羡慕展开在他面前的无边无际的青春,可容这般挥霍。

镇静了一下,我问第二个问题。"最吸引你的异性特质——聪明?"

"不。聪明也不重要。女孩子不需要太聪明,况且她们也都不太聪明。"儿子轻描淡写地说。

好一个少年大男子主义。我无可奈何地问第三项:"美?俊?"

儿子略微沉吟了一下，说："这不重要。"

我不由自主地点了点头，以示嘉许。看来学校里心灵美的教育已深入人心。

"第四条是：温柔，有爱心。"我说。

儿子第一次认真地答复："是。"接着又补充了一句："一个女孩子要是没有爱心，比男孩子如此还令人不能接受。"

"第五条是有才华。"

"这不重要。"

"再下一条是勤奋用功。"

"这也不重要。"儿子果决地说，全然不顾我有所暗示的沉痛语调。

"第七条是幽默。"我照本宣科。"嗨！这一条可是太重要了。女孩子一定要幽默。"他跳起来说。

我说："刚才忘记告诉你了，一个人只能在各种特质里选择三项。你现在已经选了两项了。最后的选择可要慎重。"

"就像童话里的宝葫芦，只能使用三次吗？"儿子一脸顽皮地说。

"没那么严重。但为维持测验的准确性，我们还是遵守规则的好。"我顿一顿说："稳重。"

"啪死。"儿子一挥手。

我好惋惜。我始终认为稳重是一个好女孩极为要紧的标志，却被儿子这般轻易地否决。

"整洁。"

"啪死。"儿子想也不想地回答。

天啊，我简直想哭泣。这孩子怎么会认为整洁不重要呢？我不得不插话扭转局势："请再考虑一下，你难道喜欢一个肮脏的女孩吗？"

他潇洒地一甩头发说:"您不是常说我也不很整洁吗?要是喜欢太整洁的女孩,她会挑剔我的。还是半斤对八两的好。"

我瞠目结舌又无可奈何。

"再下一条:慷慨。"

儿子踌躇了一下,还是挥挥手说:"啪死吧。慷慨这个美德,还是留给自己拥有吧。"

"有气质。"

"有气质……这当然很重要……"儿子沉思着,问:"后面还有几项?"

我数了数说,"还有四项。"

"那么这样好了,要是没有更中意的,我就选气质了。如果有,这条就不算了。暂且保留,妈,您再往下念。"

"活泼……"

"这条毫无意义。女孩子基本都活泼。"

"随和。好相处。"我用手指头点着说。

"这一条本意不错的,但是和有气质相比,还是弱些。"

"第十四条就是我们刚才说过的'酷'了。"

"这条我们已经否掉了。妈妈,快念最后一条吧。"手里还握着最后一道选择权,儿子摩拳擦掌。

"这第十五条是:鬼点子多,有创意。"我多少有些不屑地说。我不喜欢变幻莫测的女孩。

"哇!这一条多么好!我想是该有这样一条的,我一直在等着这一条……"儿子喜上眉梢,一副他乡遇故知之感。

我哭笑不得,诱导他说:"你再考虑考虑……"

儿子说:"噢,妈妈。我知道您是不会赞成我的,所以一开始才不答应和您做这个游戏。现在您知道我的心了。我不想改变,我要去做作业了。"说完,义无反顾地忙自己的事去了。

我抚摸着那张表光洁的纸面，看着儿子在众多的条款中筛选出的三条：

一．温柔有爱心。

二．幽默。

三．鬼点子多，有创意。

它们像清脆的风铃，在我耳边响个不停。这是儿子为他自己列出的一道方程式，使我陌生。

细细想来，这几项有些矛盾。比如又温柔又鬼点子多，似乎很难和谐地统一在一个人身上。温柔的后面像影子一般追随的多是敦厚，而太敦厚的人是想不出精彩的鬼点子来的……儿子还小，他不知道人类的某些品质原是相生相克的。

还有幽默。当今的中国女孩中，有多少人享有这种智慧与襟怀的结晶呢？恕我悲观，只怕凤毛麟角。

但是，你不得不承认，儿子是崭新的一代。

方程式已然列出，答案需他们自己寻求。

青虫之爱

我有一位闺中好友,从小怕虫子。不论什么品种的虫子都怕。披着蓑衣般茸毛的洋喇子,不害羞地裸着体的吊死鬼,一视同仁地怕。甚至连雨后的蚯蚓,也怕。放学的时候,如果恰好刚停了小雨,她就会闭了眼睛,让我牵着她的手,慢慢地在黑镜似的柏油路上走。我说,迈大步! 她就乖乖地跨出很远,几乎成了体操动作上的"劈叉",以成功地躲避正蜿蜒于马路上的软体动物。在这种瞬间,我可以感受到她的手指如青蛙腿般弹着,不但冰凉,还有密集的颤抖。

大家不止一次地想法治她这心病,那么大的人了,看到一个小小毛虫,哭天抢地的,多丢人啊! 早春一天,男生把飘落的杨花坠,偷偷地夹在她的书页里。待她走进教室,我们都屏气等着那心惊肉跳的一喊,不料什么声响也未曾听到。她翻开书,眼皮一翻,身子一软,就悄无声息地瘫倒在桌子底下了。

从此再不敢锻炼她。

许多年过去,各自都成了家,有了孩子。一天,她到我家中做客,我下厨,她在一旁帮忙。我择青椒的时候,突然从旁钻出一条青虫,胖如蚕豆,背上还长着簇簇黑刺,好一条险恶的虫子。因为事出意外,怕那虫蜇人,我下意识地将半个柿子椒像着了火的手榴弹扔出老远。

待柿子椒停止了滚动,我用杀虫剂将那虫子扑死,才想起酷怕虫的女友,心想刚才她一直目不转睛地和我聊着天,这虫子一定是入了她的眼,未曾听到她惊呼,该不是吓得晕厥过去了吧?

回头寻她,只见她神态自若地看着我,淡淡说,一个小虫,何必如此慌张。

我比刚才看到虫子还愕然地说，啊，你居然不怕虫子了？吃了什么抗过敏药？

女友苦笑说，怕还是怕啊。只是我已经能练得面不改色，一般人绝看不出破绽。刚开始的时候，我就盯着一条蚯蚓看，因为我知道它是益虫，感情上接受起来比较顺畅。再说，蚯蚓是绝对不会咬人的，安全性能较好……这样慢慢举一反三；现在我无论看到有毛没毛的虫子，都可以把惊恐压制在喉咙里。

我说，为了一个小虫子，下这么大的工夫，真有你的。值得吗？

女友很认真地说，值得啊。你知道我为什么怕虫子吗？

我撇撇嘴说，我又不是你妈，怎么会知道啊！

女友拍着我的手说，你可算说到点子上了，怕虫就是和我妈有关。我小的时候，是不怕虫子的。有一次妈妈听到我在外面哭，急忙跑出去一看，我的手背又红又肿，旁边两条大花毛虫正在缓缓爬走。我妈知道我叫虫蜇了，赶紧往我手上抹牙膏，那是老百姓止痒解毒的土法。以后，她只要看到我的身旁有虫子，就大喊大叫地吓唬我……一来二去的，我就成了条件反射，看到虫子，灵魂出窍。

后来如何好的呢，我追问。依我的医学知识，知道这是将一个刺激反复强化，最后，女友就成了生理学家巴甫洛夫教授的例案，每次看到虫子，就恢复到童年时代的大恐惧中。世上有形形色色的恐惧症，有的人怕高，有的人怕某种颜色，我曾见过一位女士，怕极了飞机起飞的瞬间，不到万不得已，她是绝不搭乘飞机的。一次实在躲不过，上了飞机。系好安全带后，她骇得脸色刷白，飞机开始滑动，她竟嚎啕痛哭起来……中国古时的"一朝被蛇咬，十年怕井绳"说的也是这回事。只不过杯弓蛇影的起因，有的人记得，有的人已遗忘在潜意识的晦暗中。在普通人看来是微不足道的小事，对当事人来说，痛苦煎熬，治疗起来十分困难。

女友说,后来有人要给我治,说是用"逐步脱敏"的办法。比如先让我看虫子的画片,然后再隔着玻璃观察虫子,最后直接注视虫子……

原来你是这样被治好的啊!我恍然大悟道。

嗨!我根本就没用这个法子。我可受不了,别说是看虫子的画片了,有一次到饭店吃饭,上了一罐精致的补品。我一揭开盖,看到那漂浮的虫草,当时就把盛汤的小罐摔到地上了……女友抚着胸口,心有余悸地讲着。

我狐疑地看了看自家的垃圾桶,虫尸横陈,难道刚才女友是别人的胆子附体,才如此泰然自若?我说,别卖关子了,快告诉我你是怎样重塑了金身?

女友说,别着急啊,听我慢慢说。有一天,我抱着女儿上公园,那时她刚刚会讲话。我们在林阴路上走着,突然她说,妈妈……头上……有……她说着,把一缕东西从我的头发上摘下,托在手里,邀功般的给我看。

我定睛一看,魂飞天外,一条五彩斑斓的虫子,在女儿的小手内,显得狰狞万分。

我第一个反应是像以往一样昏倒,但是我倒不下去,因为我抱着我的孩子。如果我倒了,就会摔坏她。我不但不曾昏过去,神智也是从来没有的清醒。

第二个反应是想撕肝裂胆地大叫一声。因为你胆子大,对于在恐惧时惊叫的益处可能体会不深。其实能叫出来极好,可以释放高度的紧张。但我立即想到,万万叫不得。我一喊,就会吓坏了我的孩子。于是我硬是把喷到舌尖的惊叫咽了下去,我猜那时我的脖子一定像吃了鸡蛋的蛇一样,鼓起了一个大包。

现在,一条虫子近在咫尺。我的女儿用手指抚摸着它,好像那是一块冷冷的斑斓宝石。我的脑海迅速地搅动着。如果我害怕,把虫子丢在地上，女儿一定从此种下了虫子可怕的印象。在她的眼中，妈妈是无所不能无所畏惧的，如果有什么东西把妈妈吓成了这个样子，那这东西一定是极其可怕的。

我读过一些有关的书籍，知道当年我的妈妈，正是用这个办法，让我从小对虫子这种幼小的物体，骇之入骨。即便当我长大之后，从理论上知道小小的虫子只要没有毒素，实在值不得大惊小怪，但我的身体不服从我的意志。我的妈妈一方面保护了我，一方面用一种不恰当的方式，把一种新的恐惧，注入到我的心里。如果我大叫大喊，那么这根恐惧的链条，还会遗传下去。不行，我要用我的爱，将这铁环砸断。我颤巍巍伸出手，长大之后第一次把一只活的虫子，捏在手心，翻过来掉过去地观赏着那虫子，还假装很开心地咧着嘴，因为——女儿正在目不转睛地看着我呢！

虫子的体温，比我的手指要高得多，它的皮肤有鳞片，鳞片中有湿润的滑液一丝丝渗出，头顶的茸毛在向不同的方向摆动着，比针尖还小的眼珠机警怯懦……

女友说着，我在一旁听得毛骨悚然。只有一个对虫子高度敏感的人，才能有如此令人震惊的描述。

女友继续说，那一刻，真比百年还难熬。女儿清澈无瑕的目光笼罩着我，在她面前，我是一个神。我不能有丝毫的退缩，我不能把我病态的恐惧传给她……

不知过了多久，我把虫子轻轻地放在了地上。我对女儿说，这是虫子。虫子没什么可怕的。有的虫子有毒，你别用手去摸。不过，大多数虫子是可以摸的……

那只虫子，就在地上慢慢地爬远了。女儿还对它扬扬小手，说"拜……"

我抱起女儿，半天一步都没有走动。衣服早已被黏黏的汗水浸湿。

娘间谍

　　我和她的相识,有点意思。我称她"娘间谍"——是她自己告诉我这个绰号的。我从小就很惊叹间谍的手段和意志力。

　　那天上班时分,传达室打来电话说,有一个女人,说是你的亲戚,找上门来,你见不见?我说,是什么亲戚呢?师傅说,她支支吾吾地说不清楚,我们觉得很可疑。你直接问她吧,检验一下。要是假冒伪劣,我们就打发她走。

　　传达说着把话筒递给了那女人。于是我听到一个低低的气声,耳语一般的说,毕作家,我不是你亲戚,可是我有重要的事情要对你说……啊,你怎么不记得我了呢,真是贵人多忘事啊! 表姑全家还让我问你好呢,你赶快跟传达室的师傅说一下,让我上楼吧,他们可真够负责的了,不见鬼子不拉弦……师傅,您来听本人说吧……

　　后半截的声音明显放大,看来是专门讲给旁人听的。于是我乖乖地对传达室同志说,她是我亲戚,请让她进来。谢谢啦!

　　几分钟后,她走进门来。个子不高,衣着普通,五官也是平淡而无奇的那种,没有丝毫特色。叫人疑惑刚才那番精彩的表演,是否出自这张平凡的面庞。

　　她不客气地坐下,喝茶。说,一个作家,又好找又不好找。说好找吧,是啊,报上有你的名字,实实在在的一个人,电脑这么发达了,找个人,按说不难。可是,具体打听起来,报社啊编辑部啊,又都不肯告诉你,好像我是个坏人似的……

　　我说,真是很抱歉。

她笑起来说，你道的什么歉呢？又不是你让他们不告诉我的。再说，这也难不住我，我在家里专门搞侦破，我女儿送我一个绰号，叫——"娘间谍"。

我目瞪口呆。半晌说，看来，你们家冷战气氛挺浓的啊。

她收敛了笑容说，要不我还不找你来呢！你能不能帮帮我？

我说，到底出了什么事？

她说，我就这一个女儿。我丈夫和我都是高工，就像优良品种的公鸡母鸡就生了一个鸡蛋，你说，我能不精心孵化吗？从小我就特在意女儿的一言一行。小孩子要是发烧，三等的父母是用体温表，水银柱窜得老高了，才知道大事不好。二等的家长是用手摸，呦！这么烫啊！方发觉孩子有病了。我是一等的母亲，我只要用眼角这么一扫，孩子眼珠似有水汽，颧骨尖上泛红，鼻孔扇着，那孩子准是发烧了，我这眼啊，比什么体温表都灵。

女儿小的时候，特听我的话。甭管她在外面玩得多开心，只要我在窗台上这么一喊，她腾腾地拔脚就往家跑。有一回，跑得太快，膝盖上磕掉了那么大一块皮，血顺裤腿流，脚腕子都染红了。邻居说，看把你家孩子急的，不过是吃个饭，又不是救火，慢点不行？我说，她干别的摔了，我心疼。往家跑碰了，我不心疼。听父母的话，就得从小训练，就跟那半个月之内的小狗似的，你教出来了，它就一辈子听你的。要是让它自由惯了，大了就扳不过来了。

左邻右舍都知道我有一个说一不二的女儿，我也挺满意的。现今都是一个孩子，我们今后就指着她了。让她永远和父母一条心，就是自己最好的养老保险。

我忍不住打断她说，你这不是控制一个人吗？

她说，你说得对啊，不愧是作家，马上抓到了要害。要说我这个控制，还和一般的层次不一样。我做得不留痕迹。控制最基本的要素，就是掌握信息。叶利钦凭什么掌握着核按钮？不就是他知道的信息比别人多吗？对女儿，你知道了她的信息，你就掌握了她的思想。你想让她和谁来往，不想让她和谁来往，不就是手到擒来的事了吗？比如她常和哪些同学联系，我并不直接问她，那样她就会反感。年轻人一逆反，完了，你让他朝东他朝西，满拧。我使的是阴柔功夫。我也不偷看她的日记，那多没水平，一下子就被发现了。现在的孩子，狡猾着呢。我呀，买了一架有重拨功能的电话机。她不是爱打电话吗，等她打完了，我趁她不在，啪啪一按，那个电话号码就重新显示出来了。我用小本记下来，等到没人的时候，再慢慢打过去，把对方的底细探来。这当然需要一点技巧，不过，难不倒我。

我点点头。不是夸奖这等手段，是想起了她刚在传达室对我的摆布。

她误解成赞同，越发兴致勃勃。

女儿慢慢长大了，上了大学，开始交男朋友。这可是一道紧要关口啊。我首先求一个门当户对，若是找个下岗女工的儿子，我们以后指靠谁呢？所以，我特别注重调查和她交往的男孩子的身世。一发现贫寒子弟，就把事态消灭在萌芽状态。

我说，这能办得到吗？恋爱的通常规律是——压迫越重，反抗越凶。

她说，我不会用那种正面冲突的蠢办法。我一不指责自己的女儿，那样伤了自家人的和气，二不和女儿的男友直接交涉，那样往往火上浇油。我啊，绕开这些，迂回找到男方的家长，向他们显示我家优越的地位，当然这要做得很随意，叫他们自惭形秽。述说女儿是个娇娇小姐，请他们多多包涵，让他们先为自己儿子日后的"气管炎"捏一把汗。最后，做一副可怜相，告知我和老伴浑身是病，一个女婿半个儿，后半辈子就指望他们的儿子了……她说到这里，得意地笑了。

我按捺住自己的不平，问道，后来呢？

她说,后来,哈哈,就散伙了呗。这一招,百试百灵。我总结出了一个经验,下层劳动人民,自尊心特别强,神经也就特脆弱。你只要影射他们高攀,他们就受不了了。不用我急,他们就给自己的小子施加压力,我就可以稳操胜券坐享其成了。

我说,你一天这般苦心琢磨,累不累啊?

她很实在地说,累啊!怎么能不累?别的不说,单是侦察女儿是不是又恋爱了,就费了我不少的精力。后来,我发现了一个好办法,说出来,你可不要见笑啊。女儿是个懒丫头,平日换下的衣服都掖在洗衣机里,凑够了一锅,才一齐洗。我就趁她走后,把她的内裤找出来,仔细地闻一闻。她只要一进入谈恋爱,裤子就有特殊的味道,可能是荷尔蒙吧,反正我能识别出来。她不动心的时候,是一种味道,动了真情,是另一种味道……那味一出现,我就开始行动了……近来她好像察觉了,叫我娘间谍,不理我了。你说我该怎么办?

天啊!我大骇,一时间什么话都对答不出。在我所见到的母亲当中,她真是最不可思议的之一。

我连喝了两杯水之后,才把自己的情绪稳定住。我对她讲了很多的话,具体是些什么,因为在激动中,已记得不很清楚了。那天,她走时说,谢谢你啦!我明白了,女儿不是我的私有财产,我侵犯了女儿的隐私权。我会改的,虽然这很难。

我送她下楼,传达室的师傅说,亲戚们好久没见,你们谈挺长时间啊。

我叹口气说,是啊。我很惦念她的女儿啊。

分手时,娘间谍对我说,你要是有工夫,就把我对你说过的话,写出来吧。因为我得罪了不少人,我也没法一一道歉了。还有我的女儿,有的事,我也不好意思对她说。你写成文章,我就在里面向大家赔不是了。

娘间谍走了。很快隐没在大街的人流中,无法分辨。

从六岁开始

和北京一所中学的女生座谈。席间，一位女孩子很神秘地问，您是作家，能告诉我们"强暴"究竟是怎样一回事吗？

她说完这话，眼巴巴地看着我。她的同学，另外五六位花季少女，同样眼巴巴地看着我。说，我们没来之前，在教室里就悄悄商量好了，我们想问问您，这究竟是怎么一回事？

我微笑着反问她们，你们为什么想知道这个词的意思？

女孩子们七嘴八舌地说，随着我们的年纪渐渐长大，家长啊老师啊，都不停地说，你们要小心啊，要保护好自己的身体，千万不要出什么意外。在电影里小说里，也常常有这样的故事，一个女孩子被人强暴了，然后她就不想活下去了，非常痛苦。总之，"强暴"，是一件非常可怕的事情，但是，没有人把这件事同我们说清楚。我们很想知道，我们又不好意思问。今天，我们一起来，就是想问问您这件事。请您不要把我们当成坏女孩。

我说，谢谢你们对我的信任。我绝不会把你们当成坏女孩。正相反，我觉得你们是好女孩，不但是好女孩，还是聪明的女孩。因为这样一个和你们休戚相关的问题，你们不明白，就要把它问清楚，这就是科学的态度。如果不问，稀里糊涂的，尽管有很多人告诫你们要注意，可是你根本就不知道那是怎样一回事的时候，从何谈起注意的事项呢？好吧，在我谈出自己对"强暴"这个词的解释之前，我想知道你们对它的了解到底有多少？

女孩子们互相看了看，彼此用眼神鼓励着，说起来。

一个说，它肯定是在夜里发生的事。

第二个说,发生的时候周围一定很黑。

第三个说,很可能是在胡同的拐角处发生。

第四个说,有一个男人,很凶的样子,可是脸是看不清的。

第五个说,他会用暴力,把我打晕……

说到这里,大家安静下来,或者更准确地说,一种隐隐的恐怖笼罩了我们。我说,还有什么呢?

女孩子们齐声说,都晕过去了,还有什么呢?没有了。所有的小说和电影到了这里,就没有了。

我说,好吧,就算你晕过去了,可是只要你没有死掉,你就会活过来。那时,又会怎样?

女孩子们说,等醒来的时候,已经是在医院里了,有洁白的床单,有医生和护士,还有嘀嘀嗒嗒的吊瓶。

我说,就这些了?

女孩子们说,就这些了。这就是我们对于"强暴"一词的所有理解。

我说,我还想再问一下,对那个看不清面目的男人,你们还有什么想法?

女孩子们说,他是一个民工的模样。穿的破破烂烂的,很脏,年纪三十多岁。

我说,孩子们,我要说,你们对这个词的理解,还远不够全面。发生强暴的地点,不仅仅是在胡同的拐弯处,有可能在任何地方。比如公园,比如郊外。甚至可以在学校甚至你邻居的家,最可怕的,是可能在你自己的家里。强暴者,不单可能是一个青年或是中年的陌生人,比如民工,也有可能是你的熟人、亲戚甚至师长,在最极端的情况下,也可能是你的亲人。"强暴"的本身含义,是有人违反你的意志,用暴力强迫你同他发生性的关系,这是非常危险的事件。强暴发生之时和之后,你并非一定会晕过去,你可能很清醒,你要尽最大的能力把他对你的伤害减少，保全生命，你还要在尽可能的情况下，记住罪犯的特征……

女孩子们听得聚精会神，把我可紧张的够呛。因为题目猝不及防，我对自己的回答毫无把握。我不知道自己解释的对不对，分寸感好不好，心中忐忑不安。

后来，我同该中学的校长说，我很希望校方能请一位这方面的专家，同女孩子们好好谈一谈，不是讲课，那样太呆板了。要用生动活泼的形式，教给女孩子必要的知识。使她们既不人人自危草木皆兵，也不是稀里糊涂一片懵懂。

我记得校长很认真地听取了我的意见，然后，不动声色地看了我半天。闹得我有点发毛，怀疑自己是不是说的很愚蠢或有越俎代庖的嫌疑。

停顿了一会儿之后，校长一字一句地说，您以为我们不想找到这样的老师吗？我们想，太想了。可是，我们找不到。因为这个题目很难讲，特别是讲得分寸适当，更是难上加难。如果毕老师能够接受我们的邀请，为我们的孩子们讲这样的一课，我这个当校长的就太高兴太感谢了。

我慌得两只手一起摇晃着说，不行不行。我讲不了！

后来，这件事就不了了之。

在美国纽约访问。走进华尔街一座豪华的建筑，机构名称叫做"女孩"。身穿美丽的粉红色中国丝绸的珍斯坦夫人，接待了我们。她的颈上围着一条同样美丽的扎染头巾。她说，我们这个机构，是专门为女孩子的教育而设立的。因为据我们的研究报告证实，在女孩子中间自卑的比例，是百分之百。

我说，百分之百？这个数字真令人震惊。都自卑？连一个例外都没有吗？

珍斯坦夫人说，是的，是这样的。这不是她们的过错，是社会文化和舆论造成的。所以，我们要向女孩子们进行教育，让她们意识到自己的价值。

在简单的介绍之后，她很快步入正题，晃着金色的头发说，对女孩子的性教育，要从六岁开始。

我吃了一惊，六岁？是不是太小啦？我们的孩子在这个年纪，只会玩橡皮泥，如何张口同她们谈神秘的性？

还没等我把心中的疑问吐出口，珍斯坦夫人说，六岁是一个界限。在这个年龄的孩子，还不知性为何物，除了好奇，并不觉得羞涩。她们是纯洁和宁静的，可以坦然地接受有关性的启蒙。错过了，如同橡树错过了春天，要花很大的气力弥补，或许终生也补不起来。

我点头，频频的，觉得她说得很有道理。但是，究竟怎样同一双双瞳仁如蝌蚪般清澈的目光，用她们能听得懂的语言谈性？我不知道。我说，东方人讲究含蓄，使我们在这个话题上，会遇到更多的挑战和困难。不知道你们在实施女性早期性教育方面，有哪些成功的经验抑或奇思妙想？

珍斯坦夫人说，哦，我们除了课本之外，还有一个神奇的布娃娃。女孩子看到这个娃娃之后，她们就明白了自己的身体。

我说，可否让我认识一下这个神通广大的娃娃？

珍斯坦夫人笑了，说，我不能将这个娃娃送给你，她的售价是八十美金。

我飞快地心算，觉得自己虽不饱满的钱包，还能挤出把这个赋有使命的娃娃领回家的路费。我说，能否卖给我一个娃娃？我的国家需要她。

珍斯坦夫人说，我看出了你的诚意，我很想把娃娃卖给你。可是，我不能。因为这是我们的知识产权。你不可仅仅用金钱就得到这个娃娃，你需要出资参加我们的培训，得到相关的证书和执照，你才有资格带走这个娃娃。

她说的很坚决，遍体的丝绸都随着语调的起伏簌簌作响。

我明白她说的意思，可是我还不死心。我说，我既然不能买也不能看到这个娃娃，但是我可不可以得到她的一张照片？

珍斯坦夫人迟疑了一下，说，好的。我可以给你一张复印件。

那是一张模糊的图片。有很多女孩子围在一起，戴着口罩。(我无端地认定那口罩是蓝色的，可能是在黑白的图片上，它的色泽是一种浅淡的中庸。)她们的眼睛探究地睁得很大，如同嗷嗷待哺的小猫头鹰。头部全都俯向一张手术台样的桌子，桌子上是千呼万唤始出来的布娃娃——她和真人一般大，躺着，神色温和而坦然。她穿着很时尚华美的衣服，发型也是流行和精致的。总之，她是一个和围观她的女孩一般年纪一般打扮，能够使她们产生高度认同感的布娃娃。老实说，称她布娃娃也不是很贴切。从她颇有光泽的脸庞和裸露的臂膀上，可断定构成她肌肤的材料为高质量的塑胶。

围观女孩的视线，聚焦在娃娃的腹部。娃娃的腹部是打开的，如同一间琳琅满目的商店。里面储藏着肝脏、肺管、心房还有……惟妙惟肖的子宫和卵巢。自然，还有逼真的下体。

往事，也许是我在纽约的华尔街，一定想买下模具娃娃的强烈动力之一了。

非常感谢珍斯坦夫人，我得到了一张娃娃被人围观的照片的复印件，离开了华尔街，后来又回国。我虽然没有高质量的仿真塑胶，但我很想为我们的女孩制造出一个娃娃。期待着有一天，能用这具娃娃，同我们的女孩轻松而认真地探讨性。思前想后，我同一位做裁缝的朋友商量，希望她答应为我定做一个娃娃。

听了我的详细的解说并看了图片之后，她嘲笑说，用布做一个真人大小的娃娃？亏你想得出！

我说，不是简单的真人大小，而是和听众的年纪一般大。如果是六岁的孩子听我讲课，你就做成六岁大。如果是十六岁，就要做成十六岁那样大，比如身高 1 米 60……

朋友说，天啊，那得费我多少布料？你若是哪天给少年体校女排女篮的孩子们讲课，我就得做一个 1 米 8 的大布娃娃了！

我说，我会付你成本和工钱的。你总不会要到 827 块钱一个吧？（当天的一百美元对人民币汇率。）

朋友说，材料用什么好呢？我是用青色的泡泡纱做两扇肺，还是用粉红的灯芯绒做一颗心？

我推着她的肩膀说，那就是你的事了。为了中国的女孩们，请回去好好想，尽快动手做吧。

混入北图

　　带儿子混入北京图书馆,蓄谋已久。

　　孩子的度量衡,与成人大不同,人小的时候,可以吃到一生中最好吃的东西,看到一生中最神秘的景象,记住一生中最难忘的话语。甚至恐惧,也是童年时为最。

　　我带孩子参观过许多展览、许多博物馆。四岁时便让他独自去爬长城,我坚信那份磅礴与宏伟,会渗入他的骨髓,少年是一块虚怀若谷的包袱皮,藏进什么都最稳妥,一辈子都能闭着眼摸到。

　　北图是亚洲最大的图书馆和北京最美的建筑之一,但它只对成人开放。门口很随意地写着(想象中北图的规矩应该铭刻在铜质烫金的硬物上),进入需要证件。说起来挺宽松的,比如退休证、个体工商者证都行,唯有对学生,是一份别致的苛刻:需大学三年级以上的学生证。

　　假如儿子二十岁时才能进入北图,我觉得那是生命的遗憾。对于成人,北图只不过是获取知识的所在。对于孩子,这座宝蓝色屋顶的巨大宫殿,该有一股独特的魔力。无奈我们的国立图书馆"少儿不宜",于是,一个鬼祟而崇高的主意开始萌动:等他长到和我一般高,我们就混入北图。

　　耐心地等待这颗青果成熟。终于有一天,孩子能穿40号的鞋子。我对他说:想去北图吗?想去。想去。儿子酷爱书。他说过最爱的是母亲,其次是书,气得他父亲咻咻。现在,第一爱的要领他去看第二爱的,焉有不快活之理?

需要做些准备。

穿上你爸爸的羽绒服，这样可以显得更臃肿更老成些。戴上平光镜。别戴墨镜，墨镜容易诱人起疑，哪有进图书馆两眼昏黑的？不要戴口罩，现在大街上谁戴口罩？欲盖弥彰。

最重要的是揣上你爸爸的工作证。且慢，让我再看看像不像？那是丈夫年轻时的肖像，儿子与他酷似，心中便很踏实。

装扮妥当，临出门的那一瞬，突然气馁。从来没做过这种偷天换日的事，心中惶惶然。要不，等你再长大一点，唇边有了小胡须，就更像你爹了，咱们再去？我试图劝阻儿子。

妈妈，你为什么这么婆婆妈妈！纵然被人捉住了，又有什么？鲁迅早说过，窃书不算偷。况且我们并没有偷，只是看。看看有什么罪过？十四岁男孩像马驹一样蓬勃的话，鼓舞了我。不过那句话是孔乙己说的，不是鲁迅说的。我纠正他。

走！去北图！

北图门口有卫兵，那是不足虑的，他并不盘查。很顺利地通过这第一道关卡。我故意落下几步，从侧面观察儿子。他确实很像个成人了，步履匆匆地向北图高大的正门迈去。漫长的汉白玉台阶上生长着在北国冬天显出苍灰色的苔藓。

慢行。我说。为什么？妈妈？他问。你看那台阶。台阶怎么啦？那台阶证明很少有人从正门通行。那人们从哪里进去读书呢？有许多莘莘学子从我们身边掠过。

从侧门。我说。

那么正门什么时候开呢？好像是有贵宾参观的时候。

儿子便有一刻黯然。然而毕竟是孩子，他很快被北图优雅的环境所陶醉。

这是北方冬日极好的一个晴天。天穹蓝得如同海底世界，北图以同样碧蓝且更为耀眼的琉璃瓦无所顾忌地炫耀自己。在这座庞大的王国里,居住着书的君王和它的亿万子民。

洁净的院落里,树影扶疏。注意树上的标牌,上面写着这株植物的名称种属……我提醒儿子。

儿子像小鹿似的跑。妈妈,我们还是去看书! 到了图书馆,看书最重要,看植物留到植物园吧!

现在,我们要通过第二道封锁线了。进楼的人需把证件打开。妈妈,他会仔细看我的工作证吗? 爸爸的年龄一栏里写着四十岁,我怕……儿子倚住我。

别害怕! 我在前面走,你在后面跟。注意我的动作,只潇洒地把证件扬一扬,依我的经验,门卫就会挥手放行……我勇敢地给儿子示范。

终于,我们成功地进入了北图!

我领着儿子,教给他怎样存包,怎样查找目录,怎样办理复印手续……他像只乖巧的小狐狸不远不近地跟随我……我最后指点给他厕所的位置。

现在,我们去阅览厅吧! 儿子跃跃欲试地说。

现在,我们回家去吧! 你已经看到了北图的巍峨,你已经知道了借阅的程序,我们的目的已经圆满达到。该走了。至于书,哪里都是一样的,犹如水,无非是河里的浅,海里的深。

不! 妈妈。那不一样,海水是咸的! 如果我们不看书,那还算什么到过北图!

我要承认我在粉饰怯懦。领儿子游览北图迄今顺利,一切平安应该见好就收。终究是用的假证件,出了纰漏,就毁了初衷。

面对儿子渴求的目光,我决定率他铤而走险。孩子你走进厅里,工作人员会接过你的证件,然后换给你一个号码牌,你就到座位上去读书……注意签字时,一定要写你父亲的名字而不是你的……还有单位，千万不能写成你所在的中学……最后，切记不可把书带出来，不然特殊的仪器会发出尖锐的鸣叫……我谆谆告诫。

妈妈，我去了。儿子像股火苗，一蹿好高。不成，咱们再换一个阅览厅。我牵起他转移阵地。

为什么？儿子大不解。这个阅览厅的工作人员看起来很负责，我们太危险。

真正明白了什么叫做贼心虚。挑了一个工作人员埋头读书的阅览厅，用手一指，果断地说，你进去吧！

妈妈，你不同我一起去呀？儿子惊讶地瞪圆了眼睛。你害怕了吗？我激他。好，妈妈！儿子一步迈了三级台阶，拐向阅览厅。

真实的理由是：我害怕这种场面。也许儿子尚不致露马脚，我先要在一旁面红耳赤，心跳如驼铃了！

我卡在楼梯口，既不敢上，也不敢下，探头觑着阅览厅落地的玻璃门。在儿子向工作人员掏出证件的那一瞬，我闭上了眼睛……

真害怕看到尴尬的一幕，真恐惧听到刺耳的叱声……

四周静悄悄，仿佛一片荒原。待我再睁开眼睛，我已看不到儿子了。巨大的玻璃门像一层无声瀑布，只有那位工作人员仍在痴迷读书……

儿子终于成了北图读者，我好欣喜。原想进去找他，又想还是让他独自享受在这殿堂中阅读的喜悦吧。

我在楼梯拐角处，一直等到闭馆时儿子出来。我们到小卖部买点熟食充饥。

妈妈，你说人家不会仔细瞧照片，实际上他的眼光像吸尘器，在我脸上吸了个遍，肯定认出了我。只是，他什么也没有说。

哦,谢谢你,北图爱读书的管理员!

告别北图。儿子说,今天我有三点感受最深。一是北图的书真多啊!二是北图的快餐鱼真好吃。最后一条是……他沉吟,显出少年老成。

最后一条是什么呢?轮到我好奇。

我想从北图的正门走进去。

孩子，我为什么打你

有一天与朋友聊天，我说，就是在"文化大革命"中当红卫兵，我也没打过人。我还说，我这一辈子，从没打过人……

你突然插嘴说：妈妈，你经常打一个人，那就是我……

那一瞬屋里很静很静。那一天我继续同客人谈了很多的话，但所有的话都心不在焉。孩子，你那固执的一问，仿佛爬山虎无数细小的卷须，攀满我的整个心灵。

面对你纯真无邪的眼睛，我要承认：在这个世界上，我只打过一个人。不是偶然，而是经常，不是轻描淡写，而是刻骨铭心。这个人就是你。

在你最小最小的时候，我不曾打你。你那么幼嫩，好像一粒包在荚中的青豌豆。我生怕任何一点儿轻微的碰撞，将你稚弱的生命擦伤。我为你无日无夜地操劳，无怨无悔。面对你熟睡中像合欢一样静谧的额头，我向上苍发誓：我要尽一个母亲所有的力量保护你，直到我从这颗星球上离开的那一天。

你像竹笋一样开始长大。你开始淘气，开始恶作剧……面对你摔破的盆碗、拆毁的玩具、遗失的钱币、污脏的衣着……我都不曾打过你。我想这对于一个正常而活泼的儿童，就像走路会跌跤一样应该原谅。

第一次打你的起因，已经记不清了。人们对于痛苦的记忆，总是趋向于忘记。总而言之那时你已渐渐懂事，初步具备童年人的智慧：它混沌天真又我行我素，它狡黠异常又漏洞百出。你像一匹顽皮的小兽，放任无羁地奔向你向往中的草原，而我则要你接受人类社会公认的法则……为了让你记住并终生遵守它们，在所有的苦口婆心都宣告失效，在所有的夸奖、批评，恐吓以及奖赏都无以建树之后，我被迫拿出最后一件武器——这就是殴打。

假如你去摸火，火焰灼痛你的手指，这种体验将使你一生不会再去抚摸这种橙红色抖动如绸的精灵。孩子，我希望虚伪、懦弱、残忍、狡诈这些最肮脏的品质，当你初次与它们接触时，就感到切肤的疼痛，从此与它们永远隔绝。

我知道打人犯法，但这个世界给了为人父母者一项特殊的赦免——打是爱。世人将这一份特权赋予母亲，当我行使它的时候臂系千钧。

我谨慎地使用殴打，犹如一个穷人使用他最后的金钱。每当打你的时候，我的心都在轻轻颤抖。我一次又一次问自己：是不是到了非打不可的时候？不打他我还有没有其他的办法？只有当所有的努力都归于失败，孩子，我才会举起我的手……

每一次打过你之后，我都要深深地自责。假如惩罚我自身可以使你汲取教训，孩子，我宁愿自罚，哪怕它将苛烈十倍。但我知道，责罚不可以替代也无法转让，它如同饥馑中的食品，只有你自己嚼碎了咽下去，才会成为你生命体验中的一部分。这道理可能有些深奥，也许要到你为人父母时，才会理解。

打人是个重体力活儿，它使人肩酸腕痛，好像徒手将一千块蜂窝煤搬上五楼。于是人们便发明了打人的工具：戒尺、鞋底、鸡毛掸子……

我从不用那些工具。打人的人用了多大的力，便要遭受到同样的反作用力，这是一条力学定律。我愿在打你的同时我的手指亲自承受力的反弹，遭受与你相等的苦痛。这样我才可以精确地掌握数量，不至于失手将你打得太重。

我几乎毫不犹豫地认为：每打你一次，我感到的痛楚都要比你更为久远而悠长。因为,重要的不是身累,而是心累……

孩子,我多么不愿打你,可是我不得不打你!我多么不想打你,可是我一定要打你:这一切,只因为我是你的母亲!

孩子,听了你的话,我终于决定不再打你了。因为你已经长大,因为你已经懂得了很多的道理。毫不懂道理的婴孩和已经很懂道理的成人,我以为都不必打,因为打是没有用的。唯有对半懂不懂、自以为懂其实不甚懂道理的孩童,才可以打,以助他们快快长大。

孩子,打与不打都是爱,你可懂得?

爱是不能比的

我哺育我的儿子的时候，感受到自身生命的枯萎和一种新的生命的诞生。

乳汁像一根银线，它迸射出来的时候，好像一束柔韧的蚕丝。我觉得自己胸前藏着两坨洁白的线团，乳汁缠绕在上面，很紧密，很细致，仿佛丰收时沉重的玉米穗。

儿子樱红色的嘴唇，噙住丝线的一端，开始孜孜不倦地缠绕他的生命之轴。那个小线轴，单薄、幼弱，仿佛露水雕成的。在这个峥嵘的世界上，无论遗落在哪一处角落，都会迅速被尘埃淹没。

我把我生命的线头给他，轻轻拍拍他的额头。他开始盘绕他的生命之线了，很贪婪，很执拗的。这是一种与生俱来的生命的本能。在这种原始的蓬勃的力面前，每一个母亲都感到由衷的狂喜：这是一个多么强健的孩子啊！

线团均匀地走动着，发出像纺车一样平静的嗡嗡声。我的这一团线轴渐渐变小了，儿子的那一团线轴渐渐变大了，仿佛两盘电影胶片，那一盘上的景象，缓缓地移到这一盘上……于是，我的发白了，齿松了，骨脆了，手颤了……但我乐此不疲，我愿意用我所有的精华，凝成又粗又韧白亮的丝线，给予你，我亲爱的儿子！

他像一台优质的小抽水机，喝起奶来没个够。我要吃许多的东西，饮许多的汤，然后经过我体内连我也不知晓的一系列复杂变化，成为一种洁白的液体。我很惊讶自己的这种功能，仿佛一座生物制品厂。青的菜,红的果,腥蹦的活鱼,黏稠的猪蹄,都褪掉了色泽,化解了异味。椒不会使乳汁变辣,醋不会使乳汁变酸,这真是一台好机器。我常常由衷地赞赏自己,这是我儿子置在我身上的田地。我要努力把这块土地耕耘好,争取一个又一个金色的秋天。

儿子出生时整整七斤,一个月以后,他明显地膨胀了。奶奶说,去称一称吧,这是当妈妈的功劳。只是到哪里去称呢?我说,把他挂在秤钩上吧,就像乡下称小猪崽那样。奶奶用一块花布将他裹起,来到一家卖水果的摊上。在充满着果香的秤盘上,儿子不安分地手舞足蹈,秤砣摇晃着,忽悠着,随着他小小的力气颠簸……终于,在一个极短的瞬间,他异常安静,秤砣像一只成熟的梨平稳地悬在空中……八斤半还多! 好壮的孩子啊! 售货员们大哗。奶奶把孩子递给我,扯下花布单,丢到白净的秤盘里,说刨刨皮儿,我们要个净重! 售货员说皮儿就二两,您老人家放心吧!

我几乎可以每时每刻察觉到他的长大,像我们拼命注视一块钟表时,就可以看到分针的走动。我在哺育儿子的时候静静地听着,仿佛像木柴被火烘烤时轻微的爆裂声,自那小小的躯体溢出,那是他的骨骼增长时的音响。我看见他像蝌蚪一样灵活的黑色瞳仁,像坠落的雨滴在云雾中长大。我摸着他像海带一样柔顺的黑发,感到它们在我的指间无可置疑地加长。我想象得出那些洁白的乳汁化成的鲜艳的血液,在他体内像红头绳一样,紧绷绷地流动着……

我为他的蓬勃生长而欣喜若狂,完全不顾及伴随而来的我的衰老。在很长的一段时间内,我以为这就是母爱,爱的峰巅。

直到有一天,一个女人对我说:你爱你的儿子,实质上是爱你自己。因为他是你血缘的继续。

那一刹,我的一种信念,像被击中的鸽子,从高空飘然落下。

爱孩子，像爱自己的手、自己的脚一样自然，值不得喧嚣，值不得标榜得无上崇高。唯有爱那与自己毫无干系的人，爱得刻骨铭心，爱得无怨无悔，爱得为了他献出自己的鲜血与生命，这才是爱中的极品。那女人说。爱是不能够比的。我对她说。

在儿子考试不好的时候

沉重而陌生的脚步声在门口停住了，却又久久不见人摁门铃。这是谁呢？我从门镜向外窥去，来人个子很矮，看不见面目，只见一团乱糟糟的头发。我知道门外是刚放学的儿子，显然他做错了什么事。

"妈妈，我的语文测验考坏了，只得了78分……"

78分！这怎么可能呢？儿子芦淼虽然才九岁，可已经是五年级的学生了。平时成绩相当不错，如果说数学考试还有临场马虎、发挥失常的情形出现，语文是不应该出现这种情况的。前不久，他还代表学校参加过区里的作文比赛呢！我不是那种一见成绩不好便火冒三丈、连打带骂的家长，但孩子得了从未有的低分，这使我震怒了。我尽量稳住自己的神色。孩子已经学会察言观色，尤其是你知道消息后的第一分钟。假如你不想让他埋下撒谎、推诿、怨天尤人的种子，你必须保持冷静。

我开始看他的卷子，想找出应该吸取的教训。问题远较我预想的复杂。重点题是一篇挺有意思的童话：小鸟病了，猫化装成医生想去吃掉小鸟。小鸟发现了猫露在白口罩边的胡子，识破了猫的伪装，猫只得扫兴而归。要求写出本文的主题思想。我那宝贝儿子写道："要想达到目的，应该努力把事情做得更仔细。"从卷子上划破纸面的大红"×"，可以想见老师的恼怒。

"妈妈，我错了。主题应该是不要被敌人的花言巧语所欺骗，要善于识别敌人的伪装……我太喜欢猫了……"儿子低着头说。

事情就这样结束了吗？好像并不那么简单。我觉得在孩子明显谬误的结论里,有一种难得的求异思维萌芽存在着。世界上的万物是复杂的,如果从猫的那一方面去看问题呢? 他的想法也不无道理。扼杀掉这种萌芽,自然是很容易的,再不允许他想入非非就是。但循规蹈矩的结果,在得到一些东西的同时,也失去了一些东西。也许,是更可贵的东西。

这是一个很难掌握的分寸,尤其是对一个才九岁的孩子。我说:"童话里的猫和生活中的猫不是一回事。"他点点头。

"我们分析一件事情要先把爱憎搞清楚。猫要吃小鸟,你还能为猫出主意想办法吗?"这一次,他没有点头,小小的眉毛聚在一起,像要永远记住这句话。"如果猫和小鸟在玩游戏,你的答案不但不算错,还是一个小创造呢! 比方说对牛弹琴这个成语,原意是讥笑听琴人不懂音乐,我们放进尊重听琴者的意思,就是弹琴人的不对了,为什么要不看对象给牛弹琴呢! 但是,你要记住,永远不能同情邪恶的人和事情。"

"妈妈,我懂了。"儿子的眼光很清澈明亮。

真懂了吗?恐怕没那么容易。谁知道他那小脑袋瓜儿里还会产生多少异想,也许他还会搞错的。我和孩子一块努力吧。他学做好孩子,我学做好妈妈。

佑守灾难中的孩子

朋友给我讲过这样一个故事。

一个年轻的母亲，抱着三岁的女儿，乘坐长途汽车。旷野的高速公路上突然起了浓雾，气团包抄过来，好像牛奶翻滚。司机就把车靠在紧急停车带，耐心等待。过了许久，雾渐渐稀薄些，为了赶时间，司机就上路了。雾大，管理站封锁了高速公路，路面上几乎没有一辆车。司机就很放心地加快了速度。惨案就在此时发生。当司机发现前面有一辆货车抛锚时，尽管把刹车全力踩死，客车车头还是拱入了货车车厢。

货车上满载着的钢筋，在客车巨大的惯性之下，化成锋利的长矛，将客车前三排座位齐刷刷戳透，无数鲜血喷溅而出……

那位抱着孩子的母亲，当场死了。也许是生命的本能，也许是冥冥中的神灵指点，总之在那电光石火的恐怖刹那，母亲把女儿猛地往下一压，一根钢筋擦着小姑娘的头皮刺了过去，小女孩连一根头发都没有伤着。

客车停住了，后排座位上幸免于难的人们，在庆幸自己命大的同时，竭力抢救着前排的乘客。

听人说，那三岁的小姑娘，爬起来仔细地看了看自己的母亲，第一句对别人说的话是——我妈妈流了这么多的血，她死了。

她默默地看着人们翻动妈妈的尸体，过了一会儿，当人们放弃抢救的希望，抱起孩子时，听到她清清楚楚地说的第二句话是——我妈妈死了之后，我不要后妈。

给我转述这个悲剧的朋友发着感慨：你看看如今的孩子，真是小精灵！当时就知道她妈妈死了，也不哭。然后马上就想到了后妈的事，心眼可真多啊！都是看电视学来的。大伙听说了，都不信这么大的孩子，就这么能琢磨。有的人不信，后来见了面就当场试验。问那孩子，你知道发生了什么事吗？

我说，那孩子是怎么回答的呢？

朋友说，还真像别人学的那样，你一问，那小姑娘就说，我妈流了好多好多血……一下子就死了……我听见头顶上轰的一声……我不要后妈……

我说，后来呢？

后来问的人太多了，小姑娘好像觉出了什么，就不说了。什么都不说，充满仇恨地看着你。

我说，事件怎么处理的？

朋友说，客车和货车打官司，都说对方的责任大。死者家属不让火化尸体，人就一直在冰柜里冻着。为了催促解决，死者家属联名上访，拖家带口地集体告状……

我焦虑地问，在大家做这些事的时候，那个小姑娘在哪儿呢？

朋友说，她在哪儿？她还能在哪儿？当然是跟着她爸爸了。大伙说什么，她就听着呗。上访的时候，大伙教她跟领导说，要是不赔我们家钱，就不把我妈妈从冰柜里拉出来。

我说，小姑娘说了吗？

朋友说，她说了啊。她爸、她姥姥、姥爷、爷爷、奶奶都让她这么说，她哪能不说啊。你还别说，这孩子一出动，哀兵动人，就是管事。领导当时就批了——从厚抚恤。家里人领了一笔钱，后事就办了。

我说，后来呢？

朋友说，还有什么后来？后来就一切都结束了呗！该上班的上班，该上学的上学，各就各位。

我说,那个小姑娘呢?

朋友说,不知道,可能一切都好吧。

我的心,被搅得深深不宁。直觉告诉我,绝不是一切都好!在那个女孩身上,发生了巨大的断裂和混乱。

我相信那聪慧过人的小姑娘,会对她三岁时经历的这一惨案,留下刻骨铭心的记忆。

也许她会遗忘,忘得一干二净。从此,不记得那喷溅流淌的滚烫鲜血,那呼啸而过的恐怖之声,那骨肉横飞的悲惨场面,那被人传授的鹦鹉学舌……这些悲怆的恐惧和无与伦比的失落,被人体的本能的保护机制,不由分说地压入了混沌的潜意识。

一片空白。因为这种猛烈的负面刺激,早已远远超过了一个幼童的心灵所能承载的负荷。然而,空白之下,依然汩汩地流淌着不息的血流。未经妥善处理的哀痛,绝不会无声无息地消解。它们潜伏在我们心灵的最底层,腐蚀着风化着灵魂的基石,日日夜夜睁着一只怪眼,折磨得我们永无安宁。

也许她什么都记得,但她什么都不说。对一个孩子来说,顿失母爱,是多么严酷陡峭的跌落!没有人能够替代母亲温暖的怀抱,没有人能够补起塌陷的太阳。孩子的世界,在这一瞬永远地变了颜色!从此,她沉默寡言,自卑自弃或是自怜自恋,她怨天尤人,不能从容接受别人的爱,也不能慷慨施予他人以爱,乖戾暴躁喜怒无常……世上游荡着一个冷漠孤寂的独影,到处洒下点点凄苦的清泪或是——永不流泪。

当然,事情也许会有另外的可能性,但我不敢盲目乐观。上述的发展趋势,并非危言耸听。我们曾在无数成人的心理障碍中,看到幼年不幸的浓重阴影。

天灾人祸之中,谁是最痛楚的受难者?是失去丈夫的妻子?还是失去妻子的丈夫?是失去子女的父母?还是失去父母的子女?

这样的比较，也许最终是无法完成的，漩涡中的每一个都椎心泣血。但我还是要说，那个三岁的女孩，是最最需要佑护的人啊！

　　因为她稚弱，因为她敏感，因为她聪慧，因为她是惨案的最近目击者，因为她的心灵是一朵刚刚孕育的蓓蕾。

　　也许她的身上没有血痕，但我知道，她的心被洞穿。也许她的神经没有折断，但我知道，她的大脑激烈震荡。也许她的视力依然完整，但我知道，她的眼前出现了拂不去的昏暗。也许她的呼吸并不困难，但我知道，她的灵魂一次次地窒息……

　　我由此呼吁，在一切灾难的现场，我们不但要在第一时间，全力救助孩子身体上的创伤，而且要最大限度地保护他们稚嫩的心灵。尽快地将他们从恐怖的现场抱离，给他们以温暖的安全的庇护。不要诱发他们对悲惨处境无休止的回忆，不要出于成人的功利目的，将未成年人拉入处理后事的复杂局面。要由训练有素的人员，对突发灾难中的孩子，进行系统的医救和后续的治疗……

　　我不知那个三岁的女孩，现在何处。我希望她的家人能给予她无尽的关爱。我希望她能从悲怆中站起来，我希望她安宁享有明媚的人生。

优点零

　　一位做儿童心理研究的朋友告诉我,他发给孩子们一张表,让每人填写自己的优缺点和美好的愿望。孩子们很认真地填好了,把表交上来。她一看,登时傻了眼。

　　很多孩子填的是——优点零,——愿望零。

　　我对世上是否存在没有优点的成人,不敢妄说。但我确知世上绝无没有优点的孩子。我或许相信世上有丧失愿望的老人,但我无法想象没有愿望的孩子,将有怎样枯萎的眼神?不知道愿望和优点这两样对人激励重大的要素,假若排出丧失的顺序,该孰先孰后?是因为丧失了愿望,百无聊赖,才随之沉没,成为没有优点的少年?还是一个孩子首先被剥夺了所有的优点,心如死灰,之后再也不敢奢谈一丝愿望?也许它们如同绞缠在一起的铅丝,分不出谁更冰冷僵硬?

　　没有愿望,必是一个死寂的世界。孩子不再期望黎明,因为每天都被功课塞满,晴天看不到太阳,阴天闻不到雪花,日出日落又有何不同?不再留意鲜花,因为世界一片苍白,眼中暗淡了温暖的色彩。不再珍视夜晚,因为厚重的眼镜遮挡了星光,即使抬头也是泪眼蒙眬。不再盼望得到师长的嘉奖,因为那不过是成人层层加码的裹了蜜糖的手段……

　　没有优点的孩子,内心该怎样痛楚地喘息?见过一个胖胖的男孩,当幼儿园老师第一次问:谁觉得自己是个美男子?他忙不迭地从最后一排挤到前面,表示自己属于其中一员。可惜他紧赶慢赶,动作还是晚了一点,另有好几个男孩抢在前面,在老师面前排成自豪的一排。没想到老师伶牙俐齿地向他们说,还真有你们这么不知天高地厚的,竟觉得自己是美男子,臊不臊啊?! 后来,那几个男孩子,开始为自己的容貌羞涩,无法像以前那样快活。

这是一个简单的例子,但也可说明一点问题。每一个渐渐长大的孩子,如果成人爱他,他也会认为自己是可爱的。他会感觉到自己是天地间的一个宝贝,他的生命的存在就是一个大优点。假若成人粗暴地打击他,奚落他,嘲讽他,鞭挞他,那脆弱的小生灵,就会像被利剪截断的双翅,从此萎靡下来,或许跌落尘埃一蹶不振。

看不到自身优点的人,必也看不到他人的优点。他们的谦恭,可能是高度自卑下的懦弱。他们的服从,可能掩饰着深刻的妒忌和反叛。他们的忍让,可能埋藏着刻毒的怨恨。他们的赞美,可能表里不一信口雌黄……

我以为愿望是人生强大的动力之一,假若人类丧失愿望,世界就在那一瞬停止了前进的引擎。因为有跑的愿望,人们有了汽车。因为有说话的愿望,人们有了电话。因为有飞的愿望,人们有了卫星。因为有传递和交换的愿望,人们有了互联网……

优点和愿望,是孩子们的双腿。希望有一天看到他们填写的表格上这样写着——优点多多,愿望无限。

痛苦王子

　　读王尔德的《快乐王子》，实话实说，没有一次让我快乐。这种充满了痛苦、反讽和沉思意味的童话，在童话里是不多见的。并且，王子没有遇到公主。通常的王子都会遭遇到公主，不说是终成眷属吧，也有一段缠绵的故事。但快乐王子和公主没有丁点关系。

　　当然，在这个故事中，也有一位芦苇公主，可惜她遇到的不是王子，是一只燕子。即使这位和燕子相识的公主吧，身份也很是可疑。听听燕子的朋友是怎样描述这位公主的——"她一贫如洗，亲戚又太多了点……"天！这哪里是公主啊？活脱一个社会底层关系复杂的乡下姑娘。

　　好了，不说公主了，单说这位变成塑像的快乐王子吧。他浑身披戴着金箔，眼睛是蓝宝石的，剑上镶着红宝石……真一个金镶玉嵌，通体华贵的幸运儿啊！但是，且慢。在晴朗的秋天的夜里，快乐王子落下了泪水，因为他看到了受苦受难的人民，看到了人世间的不公和剥削，看到了丑陋和凄凉……快乐王子企图用自己的力量，来拯救他的子民。于是，他先是把剑上的红宝石，送给了一位为女王最宠爱的宫女赶绣舞会礼服的贫苦母亲，她的孩子正在发烧。然后，他又托小燕子把自己的一只眼睛——一颗蓝宝石，送给了一个饥寒交迫的剧作家。把另一只眼睛——另一颗蓝宝石送给了卖火柴的小女孩。最后，他把自己全身披挂的金箔，也一片片地分送给了全城的穷苦百姓……快乐王子一无所有了，他的心因为严寒和悲痛，裂成碎片。快乐王子真是鞠躬尽瘁死而后已啊！

　　我说这篇童话充满了反讽和沉思，是指在快乐王子这样的献身精神之下，遭到的却是嘲笑和诋毁。那些市议员们说，快乐王子变得多么寒酸啊，他比一个乞丐好不了多少，于是他们就推倒了王子的塑像，把他放到熔炉里焚烧。即使是那些接受了王子无私帮助的穷苦人民，也无法理解王子的慈悲和博爱。得到了红宝石的母亲并不知道这天降的福气是从哪里来的，得到了蓝宝石的剧作家，居然认为这是哪个崇拜他的阔佬送来的，以为终于有人赏识他了。那个得到了王子另一只眼睛的卖火柴的小姑娘，干脆把蓝宝石当成了可爱的小玻璃珠……王尔德的笔触是锋利甚至有些残酷的，他不但在童话中，不动声色地抠出了王子的双眼，炸毁了王子的心脏，而且还要让这一切都神不知鬼不觉的，处于不被人理解的暗夜里，让人在痛楚之中更有无法排解的悲凉之感。

说句心里话，在很长一段时间内，我在整卷童话中，一到《快乐王子》这一篇，我就会手指捻动，飞快地把它翻过去，避开读它。虽然我承认它感动我，震撼我，使我警醒。但我在情绪上，害怕这种撕心裂肺的酷刑式的献身。我敬佩王子，但我觉得他太痛苦了。

当然，痛苦也是人生的一种必不可少的体验，正如王子在童话中说的——真正不可思议的是人间的苦难。

作者王尔德提出了一个严峻的问题。严峻到他在童话的结尾，把这个无解的球，抛到了上帝的手中。上帝说，王子铅做的心脏和冻死的燕子，是世上两件最珍贵的东西。让快乐王子住进我的金城，让燕子永远歌唱。

关于王子，咱们就暂且说到这儿，现在再来谈谈在童话中另一个非常重要的角色，就是那只进了乐园的燕子，代表着什么呢？

那些关于燕子的文字，总是让我想起一个活泼的小伙子，有着栗色的头发和一双滴溜溜转的眼睛，身手敏捷，伶牙俐齿。当然了，实际上，他也真是一个小伙子，因为他向纤细的芦苇公主求爱，还认为芦苇随风摇摆是有点卖弄风情……看来，他不但是在热恋中，而且还多疑和小心眼呢。

燕子是热爱旅行的，他一次又一次地描述着遥远的埃及，占了很大的篇幅。甚至因为他不能容忍未来的妻子安于在家，而中断了和芦苇公主的恋情。好男儿志在四方嘛！

但燕子终于没有飞到埃及，他成了快乐王子忠实的仆从和信使，他准确无误地执行了王子的指令，而且在王子失去了双眼之后，忠心耿耿地为王子的事业奋斗，深情地爱着王子，最后在严寒中死去。燕子是友谊令人感动的化身，他正直幽默见多识广，还有一点点的吹牛……（我总是怀疑他所讲的埃及，是他亲眼看到的吗？夸张了吧？）

最令我感动的，是小燕子对待王子的忠诚。那是一种舍生取义视死如归的感情。为了这种"士为知己者死"的友谊，燕子离开了自己的伙伴，放弃了自己的旅游梦，忍饥受冻，直至付出了生命的代价，燕子是一个侠义的志士。

《快乐王子》这篇故事，是童话中含意比较复杂的一篇。心脏和燕子，象征着悲悯和献身吧？不同的人，或许会读出不同的味道。对我来说，它是忧郁和感伤的，当然，也有饱满的期望，王尔德为它加上了一条光明的尾巴。但我始终以为，真正的快乐，是生长在我们每个人的心中。

爱的回音壁

现今中年以下的夫妻，几乎都是只有一个孩子，关爱之心，大概达到中国有史以来的最高值。家的感情像个苹果，姐妹兄弟多了，就会分成好几瓣。若是千亩一苗，孩子在父母的乾坤里，便独步天下了。

在前所未有的爱意中浸泡的孩子，是否物有所值，感到莫大幸福?我好奇地问过。孩子们撇嘴说，不，没觉着谁爱我们。

我大惊，循循善诱道，你看，妈妈工作那么忙，还要给你洗衣做饭，爸爸在外面挣钱养家，多不容易!他们多么爱你们啊……

孩子们很漠然地说，那算什么呀!谁让他们当了爸爸妈妈呢?也不能白当啊，他们应该的。我以后做了爸爸妈妈也会这样。这难道就是爱吗?爱也太平常了!

我震住了。一个不懂得爱的孩子，就像不会呼吸的鱼，出了家族的水箱，在干燥的社会上，他不爱人，也不自爱，必将焦渴而死。

可是，你怎么让由你一手哺育长大的孩子，懂得什么是爱呢?从他眼睛接受第一缕光线时，已被无微不至的呵护包绕，早已对关照体贴熟视无睹。生物学上有一条规律，当某种物质过于浓烈时，感觉迅速迟钝麻痹。

如果把爱定位于关怀，随着孩子年龄的增长，对他的看顾渐次减少，孩子就会抱怨爱的衰减。"爱就是照料"这个简陋的命题，把许多成人和孩子一同领入误区。

寒霜陡降也能使人感悟幸福，比如父母离异或是早逝。但它是灾变的副产品，带着天力人力难违的僵冷。孩子虽然在追忆中，明白了什么是被爱,那却是一间正常人家不愿走进的课堂。

孩子降生人间,原应一手承接爱的乳汁,一手播撒爱的甘霖,爱是一本收支平衡的账簿。可惜从一开始,成人就间不容发地倾注了所有爱的储备,劈头盖脑砸下,把孩子的一只手塞得太满。全是收入,没有支出,爱沉淀着,淤积着,从神奇化为腐朽,反让孩子成了无法感知爱意的精神残疾。

我问一群孩子,那你们什么时候感到别人是爱你的呢?

没指望得到像样的回答。一个成人界都争执不休的问题,孩子能懂多少?比如你问一位热恋中的女人,何时感觉被男友所爱?回答一定光怪陆离。

没想到孩子的答案晴朗坚定。

我帮妈妈买醋来着。她看我没打了瓶子,也没洒了醋,就说,闺女能帮妈干活了……我特高兴,从那会儿,我知道她是爱我的。翘翘辫女孩说。

我爸下班回来,我给他倒了一杯水,因为我们刚在幼儿园里学了一首歌,词里说的是给妈妈倒水,可我妈还没回来呢,我就先给我爸倒了。我爸只说了一句,好儿子……就流泪了。从那次起,我知道他是爱我的。光头小男孩说。

我给我奶奶耳朵上夹了一朵花,要是别人,她才不让呢,马上就得揪下来。可我插的,她一直戴着,见着人就说,看,这是我孙女打扮我呢……我知道她最爱我了……另一个女孩说。

我大大地惊异了。讶然这些事的碎小和孩子铁的逻辑。更感动他们谈论时的郑重神气和结论的斩钉截铁。爱与被爱高度简化了,统一了。孩子在被他人需要时,感觉到了一个幼小生命的意义。成人注视并强调了这种价值,他们就感悟到深深的爱意。在尝试给予的同时,他们懂得了什么是接受。爱是一面辽阔光滑的回音壁,微小的爱意反复回响着,折射着,变成巨大的轰鸣。当付出的爱被隆重地接受并珍藏时，孩子终于强烈地感觉到了被爱的尊贵与神圣。

被太多的爱压得麻木，腾不出左手的孩子，只得用右手，完成给予和领悟爱的双重任务。

天下的父母，如果你爱孩子，一定让他从力所能及的时候，开始爱你和周围的人。这绝非成人的自私，而是为孩子一世着想的远见。不要抱怨孩子天生无爱，爱与被爱是铁杵成针百年树人的本领，就像走路一样，需反复练习，才会举步如飞。

如果把孩子在无边无际的爱里泡得口眼翻白，早早剥夺了他感知爱的能力，育出一个爱的低能儿，即使不算弥天大错，也是成人权力的滥施，或许要遭天谴的。

在爱中领略被爱，会有加倍的丰收。孩子渐渐长大，一个爱自己爱世界爱人类也爱自然的青年，便喷薄欲出了。

附耳细说

韩国的古书,说过一个小故事。

一位名叫黄喜的相国,微服出访,路过一片农田,坐下来休息。瞧见农夫驾着两头牛正在耕地。便问农夫,你这两头牛,哪一头更棒呢?农夫看着他,一言不发。等耕到了地头,牛到一旁吃草,农夫附在黄喜的耳朵边,低声细气地说,告诉你吧,边上那头牛更好一些。黄喜很奇怪,问,你干吗用这么小的声音说话?农夫答道,牛虽是畜类,心和人是一样的。我要是大声地说这头牛好那头牛不好,它们能从我的眼神手势声音里分辨出来我的评论,那头虽然尽了力,但仍不够优秀的牛,心里会很难过……

由此想到人。想到孩子,想到青年。

无论多么聪明的牛,都不会比一个发育健全的人,哪怕是稍明事理的儿童,更敏感和智慧。对照那个对牛的心理体贴入微的农夫,世上做成人做领导做有权评判他人的人,是不是经常在表扬或批评的瞬间,忽略了一份对心灵的抚慰?

父母常常以为小孩子是没有或是缺乏自尊心的。随意地大声呵斥他们,为了一点小小的过错,唠叨不止。不管是什么场合,有什么人在场,只顾自己说得痛快,全然不理会小小的孩子是否承受得了。以为只要是良药,再苦涩,孩子也应该脸不变色心不跳地吞下去,孩子越痛苦,越说明对这次教育的印象深刻,越能够起到举一反三的效力。

这样的父母,实在是想错了。

能够约束人们不再重蹈覆辙的唯一缰绳,是内省的自尊和自制。它的本质是一种对自己的珍惜和对他人的敬重,是对社会公有法则的遵守与服从。如果一个孩子从小就在无穷的心理折磨中丧失了尊严,无论他今后所受的教育如何专业,心理的阴暗和残缺很难弥补,人格潜伏着巨大危机。

人们常常以为只有批评才须注重场合,若是表扬,在任何时机任何情形下都是适宜的,这也是一个误区。

批评就像是冰水,表扬好比是热敷,彼此的温度不相同,但都是疗伤治痛的手段,批评往往能使我们清醒,凛然一振,深刻地反省自己的过失,迸发挺进的激奋。表扬则像温暖宜人的淋浴,使人血脉喷张,意气风发,产生勃兴向上的豪情。

但如果是在公众场合的批评和表扬,除了直接对对象的鞭挞和鼓励,还会涉及到同时聆听的他人的反应。更不消说领导者常用的策略往往是这样:对个别人的一般也是对大家的批评,对某个人的表扬更是对大多数人的无言鞭策。至于做父母的,当着自家的孩子,频频提到别人孩子的品行作为,无论批评还是表扬,再幼稚的孩子也都晓得,更是醉翁之意不在酒的含沙射影。

批评和表扬永远是双刃的剑。使用得好,犀利无比,斩出一条通达的道路,使我们快速向前。使用得不当,就可能伤了自己也伤了他人,滴下一串串淋漓的鲜血。

我想,对于孩子来说,凡是隶属天分的那一部分,无论是表扬还是批评,都不必过多地拘泥于此。就像玫瑰花的艳丽和小草的柔弱,都有浓重的不可抵挡的天意蕴藏其中,无论其个体如何努力,可改变的幅度不会很大,甚至丝毫无补。玫瑰花绝不会变成绿色,小草也永无芬芳。

人也一样。我们许多与生俱来的特质,每个人都是不同的。比如相貌,比如身高,比如气力的大小,比如智商的高低……在这一范畴里,都大可不必过多地表扬或是批评。夸奖这个小孩子是如何的美丽，那个又是如何的聪明，不但无助于让他人有的放矢地学习，把别人的优点化为自己的长处，反倒会使没有受表扬的孩子滋生出满腔的怨怼，使那受表扬者繁殖出莫名的优越。批评也是一样，奚落这个孩子笨，嘲笑那个孩子傻，他们自己无法选择换一副大脑或是神经，只会悲观丧气也许从此自暴自弃。旁的孩子在这种批评中无端地得了傲视他人的资本，便可能沾沾自喜起来，松懈了努力。

批评和表扬的主要驰骋疆域，应该是人的力量可以抵达的范围和深度。它们是评价态度的标尺而不是鉴定天资的分光镜。我们可以批评孩子的懒散，而不应当指责儿童的智力。我们可以表扬女孩把手帕洗得很洁净，而不宜夸赏她的服装高贵。我们可以批评临阵脱逃的怯懦无能，却不要影射先天的多病与体弱。我们可以表扬经过锻炼的强壮机敏，却不必太在意得自遗传的高大与威猛……

不宜的批评和表扬，如同太冷的冰水和太热的蒸汽，都会对我们精神造成破坏。孩子和年轻人的皮肤与心灵，更为精巧细腻。他们自我修复的能力还不够顽强，如果伤害太深，会留下终生难复的印迹，每到淫雨天便阵阵作痛。遗下的疤痕，侵犯了人生的光彩与美丽。

山野中一个农夫，对他的牛，都倾注了那样淳厚的爱心。人比牛更加敏感。因此无论表扬还是批评，让我们学会附在耳边，轻轻地说……

哦，我相信你

那年我四岁。被父母送到一家设施优良的幼儿园整托——就是说，每两个星期才可以回家一次。幼儿园组织孩子们到外面游泳，于是我有了生平第一个证件，上面贴着一张小照片。

我原来并不是特别喜爱这张照片，虽然可能因为师傅的摄影技术不错，五十年代前后，这个平常的小姑娘，在北京新街口附近的白雪影厅的橱窗里，孤独地待过很长时间。不喜欢的缘由是觉得照片上的孩子有些忧郁。我虽然常常忧郁，但我想远离忧郁，我希望自己快乐。

自从开始在北师大心理系读研究生，我就把这张照片找出来，放在书桌旁。

比起四十年前的那个孩子，我已沧海桑田面目全非。照片上的每一颗牙齿都已换过，每一寸肌肤都已更迭，每一分骨骼都已生长，每一根头发都曾脱落又萌发。甚至连血液都已轮转过多少遍了。依我的医学知识，知道人全身的血液，每隔一段时间就会彻底更新一遭。

但我确知那个孩子还在，她的大脑还在，记忆还在，顽强地在天地间思索。通过学习使我明白了，我们所有的童年经验，都深深地刻印在记忆库中，像一张独一无二的、信息量极大的光盘。它虽沾满灰尘，但用清水一洗，便丝丝入扣。早年的情形，会在某一个鬼使神差的时刻，在脑屏幕上清晰顽强地闪现。长大后的我们，内心仍保有一个婴儿、一个幼儿、一个少年的影子和情感，我们是从他们的躯体那里走来的，往昔的经验栩栩如生。只是它通常潜伏着，在暗中向今日的灵魂挥舞着手帕。

我无法确切回忆起,当年白雪摄影厅的照相镜头,对准童年的我的那一瞬,那个女孩在想什么。但我相信她和今天的我,有一种简明而快捷的感应。我有时在电脑上写得疲倦了,会望着相片上的她微笑。在那种时刻,不知为什么,有一种巨大的感动,充溢肺腑。

我在想:是否那个小女孩当年就晓得,她会在十七岁的时候,奔赴雪山?会在行医二十年以后,脱下白衣开始写作?会经历很多痛苦和磨炼,很多快乐和惆怅?所以,她才如此忧郁而期望地瞅着这个世界?

我会在凝视中对着照片上的她说,你知道吗?在你生命中所认识的所有人当中,我是唯一永远不会离你而去的人。而且,我会尽一切力量和你一道勇敢地走下去。

我看到她眨眨眼睛,轻轻地说——哦,我相信你。

为什么不是花生或大米

　　第一次听到豌豆公主这个故事的时候,便怀疑它的真实性。也许是受了安徒生的鼓励,因为他在故事的结尾说, "这是真的,信不信由你。"很有点欲盖弥彰的味道。

　　通常少年人有一个时期,是怀疑一切的。从自己是不是父母的亲生孩子,到历史上是否存在过一个叫庄子的人,都连续打问号。

　　我怀疑豌豆公主的真实性,第一个证据是,豌豆公主能爬得上那么高的床铺么?她是坐着直升机上的床,还是一架起重机把她吊上去的呢?记得在这个童话里,可是千真万确地写着:老国王为了判断来的女孩是不是一个真正的公主,在寝室的床上,先埋伏下了一粒豌豆,然后在上面铺了二十床被子,然后又铺了二十个羽毛垫子……啊呀呀,不得了,想想看,床板上如此这般地摞起来,将是一个多么高耸和滑溜的被窝啊! 就算豌豆公主是一个业余攀岩的好手,能爬上这样险峻的被子山,可她睡在上面,踏实得了吗?若是一不小心,做个好梦或是噩梦,手舞足蹈起来,那就一定会从高高的羽毛垛上栽下来,即使不摔个残疾,落下轻微的脑震荡恐怕是没跑的了。羽绒枕头是溜光水滑的,大伙一定深有体会。被子旁边肯定是没有栏杆的,(要是有,那得多高啊?)整夜睡在这样危险的地方,真够提心吊胆的。

　　所以,我的第二条怀疑应运而出,那就是豌豆公主是被豌豆硌得睡不着觉,还是被这个奇怪的被窝吓坏了呢?我考虑再三,觉得起码这种奇特的方式,让人无法安眠是排除不了的。可以设想,这女孩实在睡不着觉的半夜,起来整理和研究这个古怪的床铺的时候,偶然发现了被子底下的秘密,也是很有可能的啊。

我的第三条怀疑是——豌豆公主的历史究竟如何? 她从哪里来的呢? 她是在一个打雷下雨的恶劣天气,像个乞丐一样,可怜兮兮地敲开城门。她的爸爸呢? 她的妈妈呢? 她的卫士呢? 一概都没有。她遭遇了怎样的变故和风波?我想,她一定不是像串亲戚一样当天离开家的,因为从童话中老国王看她的惊奇眼神,就可以推测她大致是衣衫褴褛披头散发的。那么,她在流浪的时候,发生了什么事情?起码当天晚上暴风雨打在她头上的每一束水珠,那力度和重量,都不会比一颗豌豆更温和。

我的这三条疑问并非空穴来风吧? 它们就像铁蚕豆,一出手,就把豌豆公主的豌豆击得满地乱转了。

后来,我渐渐地长大了,豌豆公主被我忘到脑后。我读了很多医书,成了一名临床医生。一天,我碰到了一个被开水烫伤的男孩,只有三岁,由于爸爸妈妈的不小心,他的一条腿跌到开水锅里。皮肤溃落,筋脉裸露,惨不忍睹。我尽了一个医生的全部勇气和耐心,抢救这个孩子,后来,他终于从死亡线上逃脱出来,生命被保住了,但每天给他新生的创面换药,让我惊心动魄。孩子皮肤非常娇嫩,稍有碰撞,就会鲜血淋淋……我屏气静心,极其轻巧地操作着,好像面对最细致的玫瑰花蕊。

我突然想到了豌豆公主,我一下子明白了安徒生藏在这个故事当中的"核"是什么。那就是——婴孩和儿童,是多么柔嫩和宝贵的啊! 成人们要尽一切的心力来周到地爱护体贴他们,不能用自己粗糙的皮肤来想当然地替代他们绸缎般细腻的感觉,更不能像那疏忽的父母,灼伤了孩子。儿童是如珠如宝的天使。

安徒生为什么写这样一个有点神秘的豌豆公主呢? 想来他也是暗设机关。若写一个农夫或是铁匠的孩子,大家就会说,不信不信,他们才没有这般精致敏感呢! 人们就会在嬉笑中轻淡了这个严肃的主题。安徒生写了一个公主，人们就会想，呵，在良好优越的条件下，原来孩子是可以有这样洞察秋毫的能力啊。我们可不要疏忽了他们，千万要善待啊。

　　豌豆公主是一篇很短的童话，每个读过它的人，却难以忘怀。岁月越久，可咀嚼的滋味越浓厚。安徒生巧妙的想象也令人叹服。为什么不写棉被底下藏着一颗花生或是一粒大米呢？恐怕前一种太软而后一种又太碎了。豌豆，不大不小，滴溜溜圆，真是刚刚好的。难怪在故事的结尾，安徒生说这颗豌豆被保存在博物馆里了，它是有这个资格的。

常读常新的人鱼公主

我在成年之后，还常常读童话。每当烦心的时候，从书架上随手扯出的书，必是童话。比如安徒生的《海的女儿》，我就读过多遍，它也被翻译成《人鱼公主》。比较起来，我更喜欢《人鱼公主》这个名字。海的女儿，好像太扩大太神圣了些。人鱼呢，就显得神秘而灵动，还有一点点怪异。

大约八岁的时候，第一次读到人鱼公主的故事。读完后泪流满面，抽噎得不能自已。觉得那么可爱和美丽的公主，居然变成了大海上的水泡，真是倒霉极了。从此在很长一段时间内，看到了湖面上河面上甚至脸盆里的水泡就有些发呆（那时没有机会见到大海，只有在这些小地方寄托自己的哀思），心中疑惑地想，这一个水泡，是不是善良的人鱼公主变成的呢？看到风把小水泡吹破，更是万分伤感。读的过程中，最焦急的并不是人鱼公主的爱情，而是最痛她的哑。认定她无法说出话来，是一生未能有好结局的最主要的根源。突发奇想，如果有一个高明的医生，拿出一剂神药，给人鱼公主吃下，以对抗女巫的魔法，事情就完全是另外的结局了。而且还想出补救的办法，觉得人鱼公主应该要求上学去，学会写字。就算她原来住在海底，和陆地上的国家用的文字不同，以她那样的聪慧，学会普通的表达，也该用不了多长时间吧？比如我自己，不过是个人类的普通孩子，学了一二年级，就可以看童话了，以人鱼公主的天分，应该很快就能用文字把自己的身世写给王子看，王子看到了，不就真相大白了吗！

大约十八岁的时候，又一次比较认真地读了人鱼公主。也许是情窦初开,这一次很容易地就读出了爱情。喔喔,原来,人鱼公主是一篇讲爱情的童话啊。你看你看,她之所以能忍受那么惨烈的痛苦,是为了自己所爱的人。她忍受了非人的折磨,在刀尖样的甲板上跳舞,她是宁肯自己死,也不要让自己所爱的人死。这是一种多么无私和高尚的不求回报的爱啊!心里也在琢磨,那个王子真的可爱吗?除了长得英俊,有一双大眼睛之外,好像看不出有什么太大的本领啊。游泳的技术也不怎么样,在风浪中要不是人鱼公主舍身相救,他定是溺水必死无疑的了。他也没啥特异功能,对自己的救命恩人一点精神方面的感应也没有,反倒让一个神殿里的女子,坐享其成。当然啦,那个女孩子不知道内情,也就不怪她。但王子怎么可以这样的糊涂呢?况且,人鱼公主看他的眼神,一定是含情脉脉,他怎么就一点"放电"的感觉也没有呢?好呆!心里一边替人鱼公主强烈地抱着不平,一边想,哼!倘若我是人鱼公主,一定要在脱掉鱼尾变出双脚之前,设几个小计谋,好好地考验一下王子,看他明不明白我的心?因为从鱼变成人这件事,是单向隧道,过去了就回不来的。要把自己的一生托付出去,实在举足轻重。不过,真到了故事中所说的那种情况——由于王子的不知情,没有娶人鱼公主,公主的姊妹们从女巫那儿拿了尖刀,要人鱼公主把尖刀刺进王子的胸膛,让王子的鲜血溅到自己的双脚上,才能重新恢复鱼尾……局面可就难办了。思来想去,只有赞同人鱼公主对待爱情的方法,宁可自己痛楚,也要把幸福留给自己所爱的人……

　　到了二十八岁的时候,我已经做了妈妈。这时来读人鱼公主,竟深深地关切起人鱼公主的家人来了。她的母亲在生了六个女儿之后去世了,我猜这个女人临死之前,一定非常放心不下她的女儿,不论是最大的还是最小的。她一定是再三再四地交代给公主的祖母——老皇后,要照料好自己的孩子,特别是最小的女儿。老皇后心疼隔辈人,不单在饮食起居方面无微不至地看顾孩子们,而且还给她们讲海面上人类的故事。可以说，老皇后一点也不保守，甚至是学识渊博呢。当人鱼公主满十五岁的时候，老皇后在她的尾巴上镶了八颗牡蛎，这是高贵身份的标志和郑重的成人典礼啊。当人鱼公主遇到了危难的时候，老皇后的一头白发都掉光了，她不顾年迈体弱，升到海面上，看望自己的孙女……我强烈地感受到了这位老奶奶的慈悲心肠和对人鱼公主的精神哺育。人鱼公主的勇气和聪慧，包括无比善良的玲珑之心，都不是从天上掉下来的，诸多得益于她的祖母啊。

　　到了三十八岁的时候，因为我也开始写小说，读人鱼公主的时候，不由自主地探讨起安徒生的写作技巧来了。我有点纳闷儿，安徒生在写作之前，有没有一个详尽的提纲呢？我的结论是——大概没有。似乎能看到安徒生的某种随心所欲，信马由缰。当然了，大的轮廓走向他是有的，这个缠绵悱恻一波三折既有血泪也有波浪的故事，一定是在他的大脑里酝酿许久了。但是，连续读上几遍之后，感到结尾处好像有点画蛇添足。试想当年：安徒生很投入地写啊写，把这么好的一个故事快写完了，突然想起，咦，我这是给孩子们写的一个童话啊，怎么好像和孩子们没多少关系了？不行，我得把放开的思绪拉回来。他这样想着，就把一个担子，压到了孩子们的头上。他在故事里说：你喜欢人鱼公主吗？猜到小孩子一定说——喜欢。然后他接着说，人鱼公主变成了水泡，你难过吗？断定大家一定说——难过。那么好吧，安徒生顺理成章地说，人鱼公主变成的水泡，升到天空中去了，她在空中听到一个低低的声音告诉她，三百年之后，她就可以为自己造一个不朽灵魂了。三百年，当然是一个很久很久的时间了。幸好还有补救的办法，那就是——如果人鱼公主在空中飞翔的时候，看到一个能让父母高兴的小孩子，那么她获得不朽灵魂的时间就会缩短。如果她看到一个顽皮又品行不好的孩子，就会伤心地落下泪来，这样，她受苦受难的时间就会延长……我不知道安徒生是否得意这个结尾,反正,我有点迟疑。干吗把救赎工作,交到每一个读过人鱼公主的故事的小孩子身上啊?是不是太沉重了?

现在,我四十八岁了。为了写这篇文章,又读了几遍人鱼公主。这一次,我心平气和,仿佛天眼洞开,有了一番新的感悟。这是一篇写灵魂的故事。无论海底的世界怎样瑰丽丰饶,因为没有灵魂,所以人鱼公主毅然离开了自己的亲人。她本来把希望寄托在一个爱她能胜过爱任何人的王子身上,那么王子就可以把自己的灵魂分给她,她就从王子手里得到了灵魂。为了这份与灵魂相关联的爱情,人鱼公主付出了自己所能付出的一切,她的勇敢、善良、舍身为人……都在命运燧石的敲打下,大放异彩。但是,阴差阳错啊,她还是无法得到一个灵魂。人鱼公主是顽强和坚定的,她选定了自己的道路就绝不回头,终于,她得到了自己铸造一个灵魂的机会。在一个接一个严峻的考验之后,在肉体和精神的磨砺煎熬之后,人鱼公主谁都不再依靠,紧紧依赖着自己的精神,踏上了寻找不朽灵魂的漫漫旅途。

这个悲壮而凄美地寻找灵魂的故事,是如此的动人心弦,常读常新。有时想,当我五十八岁……六十八岁……一〇八岁(但愿能够)的时候,不知又读出了怎样的深长?

母亲无节

在所有的日子里,母亲都为我们而忙碌。

母亲之所以成为母亲,是因为孕育了生命。当我们还没有来到这个世界上的时候,母亲就开始为我们缝制小衣,憧憬着我们的模样,设想着我们的前程……

我们一出生,母亲就沉浸到前所未有的操劳之中。我们的每一声啼哭,都会使母亲牵挂不休,我们的每一次欢笑,都会使母亲眉头舒展。母亲教我们走路,教我们学语。扶我们攀登高山,携我们涉过重河。当我们受了委屈的时候,母亲的怀抱是我们最后的港湾。当我们面对人生的迷惘叹息的时候,母亲的抚摸传达一种永不熄灭的力量……

在古希腊的神话里,母亲是大地。在中国的传说里,母亲是河流。不管是大地还是河流,都滋润着太多的绿叶,负载着太多的白帆,作为它们自身,是艰苦卓绝的付出和养育,绝非鸟语花香的节日。

终于有一天,我们离母亲而去,走得那样坦然。母亲挥泪与我们告别,笑得那样慈祥。我们去阅读世界了,把无尽的思念的夜晚留给母亲。我们欢乐,我们成长,我们会在热恋的日子里忘记了给母亲写信……

我们觉得自己已经长大,母亲的关切就像一件旧时的毛衣,在严寒的日子里我们会忆起它的温暖,在风和日丽的春天,我们就把它遗忘。但对母亲来说,每一缕思念都那样绵长,每一条关于我们的音讯都令她长久地咀嚼。我们每一点微小的成绩都会熨平她额上的皱纹。我们的每一次挫折和失误都会令她仰天叹息……

这也许是一条奇怪的放大定律——儿女的风吹草动，会凝聚成疾风骤雨降临母亲的心灵。当我们跋涉在人世间的时候，母亲的心追随着我们，感应着我们，承受着我们的苦难，分担着我们的忧愁。

普天下所有的母亲，心都是分裂着的，神经的触角都格外悠长。假如她的儿女在美国，她就时刻感受着大洋彼岸的冷暖阴晴。假如她的孩子正在患病，她就祈祷病魔百倍凶残地降临自身，而解脱她的孩子。甚至在一切平安顺利的时候，母亲的心也是警惕地蜷缩着，随时准备一跃而起，为孩子遮挡突然的风暴……

尽管世上规定了母亲节，其实母亲无节。

或者说，母亲也是天天过节的。

孩子会笑了，孩子会走了，这就是母亲的节日啊。

孩子唱第一首歌，孩子写第一个字，这都是母亲的节日啊。

孩子得了第一次奖，虽说只是支普通的铅笔，这也是母亲盛大的节日啊。

孩子学得了知识，孩子建立了功业，孩子在世界上找到了属于他的另一半，孩子有了更小的孩子……这都是母亲的节日啊。

孩子的每一点进步，都是母亲永远铭记在心的节日。

一位母亲，培养出一个优秀的孩子，那就是人类永恒的节日。

为了无节的母亲和母亲的节日，我们每一位作孩子的人，都要努力啊！

孩子，请闭眼

从抱着儿子看电视的时候起，一遇到认为不宜孩子看的镜头，我就大叫一声：孩子，闭眼！

他就乖乖地闭了眼，黑黑密密的睫毛像蚌壳一般合拢。等到我如释重负地说，好啦，过去啦！他才吧嗒一声把睫毛打开。

为了这一份责任和信任，我看电视的时候就很紧张。要急速地跟踪剧情，准确地预报在什么情形下出现"少儿不宜"。

预报得晚了，那如火如荼的场面，猝不及防而来，污了孩子的瞳孔，做母亲的心中就内疚失职。

预报得早了，孩子枉闭了多半晌眼睛，并无什么暧昧的镜头。徒然使剧情中断，还得把孩子从冬眠状态唤回来，把断了的茬口讲给他听。

预报得少了，先生在一旁发议论，说此类界限还是宜严不宜宽，宜紧不宜松。

预报得多了，随着孩子的长大，他也不满。说有什么大惊小怪的，不就是拥抱吗？大街上有的是，也不能天天在马路上闭眼啊。

于是觉得妈妈真难当。

电视机是家庭的"闯入者"，你不知道它将在什么时候，做出什么嘴脸，说出什么话。它把许多你不明底细的人编造的故事，毫无先兆地塞给你。好像一个厨师，蒙了你的眼，不由分说灌给你一碗汤，倘是个成人，你觉得辣，可以呕吐，你觉得苦，可以咬紧牙关。可若是个孩子，待你觉出味不对时，他已经叽里咕噜咽下肚。

你说怎么办？

而且那类镜头的出现,越来越神出鬼没。时时没有前奏没有酝酿地从天而降,让你防不胜防堵不胜堵。

思绪疲惫之余,想起大禹治水。与其同步跟踪,不如设法疏导。记得一本心理学书上说,若是电视上映出男女过于亲近的画面时,当妈妈的不要惊恐万状,那样会更引起孩子的关注。而应该从容镇定地说:这个叔叔和阿姨这样随便接触是不好的。

我谨记书上的教诲,依样实践了一次。除了本人声音可能不够冷静以外,我以为自己的表现基本符合规定。我注意观察孩子,他好像也没有什么明显的异常。于是我心中窃喜,想这法子还行。

在以后的一段日子里,我叫"孩子,闭眼"的次数显著减少,说"这个叔叔和这个阿姨这样随便是不好的"频率显著增加。

终于有一天,我刚张嘴说"这个叔叔和……",孩子就说:你老说人家不好不好的,不好,为什么电视里还老演?不好,他们为什么还那么高兴?

我瞠目结舌。

于是,一切回归老样。看电视时我目不转睛地盯着荧屏,利用自己所有的艺术思维,分析判断将要出现的场面。包括熟悉时下流行的噱头方式,以防它在最出乎意料的地方突然袭击。

经过这一番努力,我发出"孩子,请闭眼"警报的命中率越来越高了。

孩子在我的叫声中渐渐长大。终于有一天他对我说,妈妈,你这么一天到晚地喊闭眼闭眼的,累不累呀?

我严肃地回答说,累呀!

他说,那你就不要喊了好不好?其实你不在家的时候,我一个人看电视,不可能一会儿睁着眼睛一会儿闭着眼睛。

我说,我知道。

他说,那你何必还要辛辛苦苦地不停地喊?

我说，就因为我是你的妈妈。电视里那样演，表达的是他们的看法。我要告诉你的，是我对这件事的看法。人世间最美好的感情，不是那样放肆和赤裸。

　　他似懂非懂，用商量的口气说，那你也可以换一种喊法啊，老说"闭眼"，口吻是不是显得太幼稚了？

　　我苦笑着点点头，说你说得对。可是你知不知道，我从你很小的时候就这样喊，一时半会儿改不过来。况且，你说改成什么口气好？

　　他想了半天，也没想出来。

　　于是，我们家的夜晚，还是常常发出"孩子，请闭眼"的呼唤。

下午去开家长会

下午去开家长会,孩子,你可知道妈妈此时的心情?

中午特意洗了把脸,用梳子重新拢齐了头发,最后还照了一眼镜子。镜子里是一张操劳又略带忧郁的面孔。

我不知道别的家长是否这样郑重,但我是,孩子,我希望你的老师对我能有个好印象,相信衣着整洁的妈妈能教育出一个好孩子。

走在通往学校的路上,心中有种莫名的紧张,我不知等待我的消息是凶还是吉。

孩子,多么希望听到老师夸奖你呀!谈你聪明,谈你机灵。我自然十分高兴。但我更喜欢听老师夸你勤奋、刻苦、友爱……因为前者多归功于上天的赋予,而后者更多地属于你自身的努力。

孩子,坦白地说,夸你的时光虽然有,但更多的时候,我听到的是你的弱点和缺憾……

那种时刻,真令人尴尬和难堪。我的自尊心强烈地蜷缩起来,我的头在老师和其他家长的注视中沉重地垂下……因为我是你的母亲,在很多场合下,我便成为你的化身。孩子,你可想到在那一瞬间,妈妈心灵所遭受的痛苦?

母亲的心,真是一件奇怪的东西。当老师不再述说你的失误时,我却会追问不止,生怕他漏掉一点蛛丝马迹。对于你身上滋生的蛀虫,我是既怕看到,又想看到。假如你没有任何缺点,光滑得像一只美丽的红苹果,那当然太好了,不过我们谁也做不到。我们能做到的只是不断地克服缺点,自我完善,那么自然是谬误发现得越早越好……

　　我还会抓紧时间同别的爸爸妈妈们交换看法。如何教育子女是为人父母者一门永恒的功课，而且容不得失败，不允许返工。我会一言不发地倾听别人的经验谈，也会力排众议地提出自己的新观点。家长和家长，有谈不完的话题——那就是如何让我们的孩子茁壮成长。

　　暮色西沉时，我才离开学校。心中已不再忐忑不安，只是想快快见到你，我的孩子，妈妈有许多话要对你讲，先讲你的优点长处，再讲老师对你的殷切期望，最后要讲你的缺点错误和今后的方向……

　　孩子，我猜你也在焦急地等待着家长会的妈妈吧。在今晚的灯光下，我想我们会长久地交谈。

　　愿你的步伐会更加轻捷有力……

母爱的级别

有人说，爱是与生俱来的。母爱是我们理解爱的最好的范本和老师。

我以为，错。爱是需要学习，需要钻研，需要切磋，需要反复实践，需要考验，需要总结经验，需要批评帮助，需要阅读需要讨论，需要提高需要顿悟……总之，需要一切手段的打磨和精耕细作的艺术。

与生俱来的只有动物的本能。人的爱，超越了血缘、种族、国界，它辽阔的翅膀抵达宇宙的疆界，这是地球上任何一种动物不可能天然辐射的领域。所以，爱不是如同瞳仁的颜色和身高的尺度，是一串基因决定的先天，而是后天艰苦磨琢的成长之丹。

印度狼孩的故事，是一个动物母爱的典范之作。有时想，假如是一个人类的母亲，得到了一只狼的细崽，将会怎样？一般情形下，怕是不会用乳汁哺育它长大的吧？它不但说明了母爱是盲目的，还说明如果单纯比较母爱的浓度，也许人还不如一只动物。有人会说，狼长大了，会咬人，谁敢喂它？那么，一只小鼠，就会有人类的母亲用乳汁哺育它吗？答案也基本上是否定的。

母爱并不是爱的高级阶段，因为它仅仅是人类的一种本能。人类的婴儿接受母爱，是被动和无意识的。在感知的那一方面来讲，母爱首先是物质的，是生存的必要条件。如果没有母亲的乳汁和精心呵护，小婴儿根本就无法生存。所以，母爱的早期阶段是分割界限不清晰的融合，它具有多方面付出的照料性质，高级阶段则升华为分离和精神的构建。世上有许多母亲，可以把属于动物本能的那一部分做得较好,就是可以完成对子女的衣食住行的补给维护,但是对高级部分,就是超越一己,博爱人类——从血缘分离弥散扩展和广博的爱,就未必能及格以至优秀。

我们不时地听到某个母亲,因为孩子的学习成绩不好,竟把自己的亲生孩子殴打致死的事情。这是爱吗?很多人说这不是爱,因为他们本能地拒绝承认这是爱,在他们眼中,爱是纯正和没有任何杂质污染的,包括爱是不能有失误的。但我想说,假使把那位死去的孩子复活,问他或她,你的妈妈是否爱你,我想,他和她带着满身伤痕,也会说,妈妈爱……

因为母爱的初级阶段,就是如此盲目和自怜自恋的。她很可能不尊重孩子,难以清晰地界定孩子是另一个完整的独立的个体。她把自己的感受和期望,强加在一个与她完全不同的人身上,就会酿成悲剧。这不但是生理上的,还有更深的心理上的痕迹。我要说,很多成人的家庭不幸和性格缺憾,追溯起来,都和母爱只停留在低级阶段,未能完成向高级阶段的转化有关。单纯的低级的母爱,是泥沙俱下,糟粕与精华并存的原始状态。

在母爱的高级阶段,母亲要高屋建瓴地完成与孩子的分隔。她高度尊重生命的不同个体之间的差异,帮助一个新的生命走向灿烂和辉煌。这种境界,即使是一个潜质优等的母亲,如果不经过修炼和学习,也是不容易天然达标的。如果将它比作一座关键的闸门,我们将忧虑地看到——无数的母亲被隔绝在门的这一边,只有少数优异的母亲,才能跨越这对她们自身也充满挑战的门槛,完成爱的本质的升华。

既然母爱里包含着如此分明和严格的界限,我们有什么理由坚持——母爱就一定是我们接受爱的完善楷模呢?

所以,我宁可说,爱是没有天造地设的老师的,爱又无法无师自通。爱很艰巨,爱要我们在时间中苦苦摸索。

孝心无价

听一位研究古文字的教授讲,"孝"这个字在甲骨文里的写法,是一个少年人牵着一位老人的手,慢慢地在走。"孝"字从右上到左下那长长的一撇,便是老人飘荡的胡须……

不知这说法是否为史学家定论,是否无懈可击,但它以一种恒远的温馨,包含着淡淡的苦楚沉淀我心,感到一种人类对自身生命的感怀,一种更为年轻的个体对即将逝去的年华无微不至的关顾与挽留。

"孝"是东方文化灿烂的遗产,但在我们这个国度里,身份却很有几分可疑。和它们比肩的"忠"的地位,则要光辉伟大得多。国家、民族、政党、军队……都是需要"忠"的,而在"忠孝不能两全"这句话的阴影下,"孝"好像成了"忠"的对立面,冰炭不相容。

和忠比起来,孝的范围似乎比较窄。前者面对的是众人,后者大约只包含自己的家人。回顾中国的近代史,国家民族奋战的艰难历程,在浸透血与火的车辙里,难得有"孝"的位置。先驱的革命者,从域外窃得种子,带回这块苦难的大地。他们是有知识的年轻人,之之所以以曾受到良好的教育享有文化,多半和富裕的家境不可分,但他们义无反顾地向父辈的剥削阵营开火了。在黑暗的日子里,他们一定经历了心灵的分裂与决斗,最终决定背叛自己的阶级。于是在漫长的革命生涯中,他们缄口,不再谈"孝"。

参加革命的穷苦人,投了红军,当了八路,上了战场……他们走了，永不回头，但他们的父母留在饥寒交迫之中，饱受欺凌压迫，许多人被敌人残酷地杀害了。革命者不会后悔自己的选择，只有战斗才有胜利，这是唯一正确的道路。但我相信生者在每年中秋，仰望圆圆的明月，低下头都会黯然神伤。尽管有无数的理由，尽管责任完全不在个人，但在潜意识里，他们永不为自己辩解，苛刻地认定自己不孝。于是，他们也拒不谈"孝"。

新中国成长起来的这一代人，在他们风华正茂的时候，开始了"文化大革命"。几乎每一个人都向自己父母造过反。在青春勃发期关心国家大事的同时，意外地从家里找到了火山的爆发口，以自己的父母为第一目标，那时曾多么兴高彩烈，遗下的却是永久的悔恨。待到狂潮退去，知识青年上山下乡，凄凉地告别父母，远赴边陲，有的是身不由己流放感，再没了丝毫选择的余地。即使有谁想到"父母在，不远游"，在那样的日子里，几乎相当于一句反动口号了。

后来他们返城。没有地方住，龟缩在父母的小屋，给已经年迈的父母更添一份烦乱。不要说尽孝了，还要垂垂老矣的父母为自家操心不已。薪水低少，需要父母补贴。没有房子住，和父母挤在一起。无人做饭，父母就是当然的炊事员。孩子无人照管，父母就是最好的保姆……多少次悄悄接过父母接济的银钱，理智上惭愧，手心却跃跃欲试地潮湿。太多的贫困，吞噬掉了儿女的自尊心，如果我们注定得接受馈赠，还是接受来自父母的施舍吧。在我们的内心深处，尚潜伏着一个善良坚定的愿望，爸爸妈妈，终有一天，一切都会好起来。我会将你们付给我的爱，加倍地偿还，让我们一道期待那一天吧。

现在天下太平，人间和睦，世道安宁，人们大胆地可以言孝了。"孝"里当然有糟粕，有可笑以至可恨的迂腐气息，但其合理的内核却值得我们长久咀嚼。

我不喜欢一个苦孩求学的故事。家庭十分困难，父亲逝去，弟妹嗷嗷待哺，可他大学毕业后，还要坚持读研究生，母亲只有去卖血……我以为那是一个自私的学子。求学的路很漫长，一生一世的事业，何必太在意几年蹉跎？况且这时间的分分秒秒都苦涩无比，需用母亲的鲜血灌溉！一个连母亲都无法挚爱的人，还能指望他会爱谁？把自己的利益放在至高无上的位置的人，怎能成为人人类献身的大师？

　　我也不喜欢父母重病在床，断然离去的游子，无论你有多少理由。地球离了谁都照样转动，不必将个人力量夸大到不可思议的程度。在一位老人行将就木的时候，将他对人世间最后的期冀斩断，以绝望之心在寂寞中远行，那是对生命的大不敬。

　　我相信每一个赤诚忠厚的孩子，都曾在心底向父母许下"孝"的宏愿，相信来日方长，相信水到渠成，相信自己必有功成名就衣锦还乡的那一天，可以从容尽孝。

　　可惜人们忘了，忘了时间的残酷，忘了人生的短暂，忘了世上有永远无法报答的恩情，忘了生命本身有不堪一击的脆弱。

　　父母走了，带着对我们深深的挂念。父母走了，遗留给我们永无偿还的心债。你就永远无以言孝。

　　有一些事情，当我们年轻的时候，无法懂得。当我们懂得的时候，已不现年轻。世上有些东西可以弥补，有些东西永无弥补。

　　"孝"是稍纵即逝的眷恋，"孝"是无法重视的幸福。"孝"是一失足成千古恨的往事，"孝"是生命与生命交接处的链条，一旦断裂，永无连接。

　　赶快为你的父母尽一份孝心。也许是一处豪宅，也许是一片砖瓦。也许是大洋彼岸的一只鸿雁，也许是近在咫尺的一个口信。也许是一顶纯黑的博士帽，也许是作业簿上的一个红五分。也许是一桌山珍海味,也许是一只野果一朵小花。也许是花团锦簇的盛世华衣,也许是一双洁净的旧鞋。也许是数以亿万计的金钱,也许只是含着体温的一枚硬币⋯⋯

在"孝"的天平上,它们等值。

只是,天下的儿女们,一定要抓紧啊!趁你父母健在的光阴。

未雨绸缪的女人

　　有一个游戏,我做过多次。规则很简单,几十人,先报数,让参加者对总人数有个概念。(这点很重要!)找一片平坦的地面,请大家便步走,呈一盘散沙。在毫无戒备的情形下,我说,请立即、每三人一组、牵起手来!场上顷刻混乱起来,人们蜂拥成团,结成若干小圈子。人数正好的,紧紧地拉着手,生怕自己被甩出去。不够人数的,到处争抢。最倒霉的是那些匆忙中人数超标的小组,你看着我,我看着你,不知谁应该引咎退出……

　　因为总人数不是三的整倍数,最后总有一两个人被排斥在外,落落寡合手足无措地站着,如同孤雁。我宣布解散,大家重新无目的地走动。这一次,场上的气氛微妙紧张,我耐心等待大家放松警惕之后,宣布每四人结成一组。混乱更甚了,一切重演,最后又有几个人被抛在大队人马之外,孤寂地站着,心神不宁。我再次让大家散开。人们聚拢成堆,固执地不肯分离,甚至需要驱赶一番……然后我宣布每六个人结成一组……

　　这个游戏的关键,是在最后时分逐一地访问每次分组中落单的人,在被集体排斥的那一刻,是何感受?你并无过错,但你是否体验到了深深的失望和沮丧?引申开来,在你一生当中的某些时刻,你可有勇气坚信自己真理在手,能够忍受暂时的孤独?

　　我喜欢这个游戏,在普通的面团里面埋伏着一些有味道的果馅。表面是玩耍,让人思维松弛,如同浸泡在冒着气泡的矿泉中,奇妙的领会或许在某个瞬间发生。

　　我和很多人玩过这个游戏,年轻的,年老的……记忆最深刻的是同一些事业有成的杰出女性在一起。也是从三个人一组开始的，然后是四个人一组。当我正要发布第三次指令的时候，突然，场上的女人们涌动起来，围起了五个人一组的圈子……我惊奇地注视着她们，喃喃自语道：我说了让大家五人一组吗？她们面面相觑，许久的沉默之后回答——没有。我说，那为什么你们就行动起来了？听到了什么？想到了什么？

那一天，就这个问题，展开了激烈的讨论。大家说，我们是东方的女人，极端害怕被集体拒绝的滋味。看到了别人的孤独，将心比心，因此成了惊弓之鸟。既然前面的指令是三人四人一组，推理下来就该是五人一组了。错把想象当成了既定的真实。现实的焦虑和预期的焦虑交织在一起，让我们风声鹤唳。我们是女人，更需要安全，于是就竭尽全力避让风险。至于风险的具体内容，有些是真切确实的，有些只是端倪和夸张。甚至很多人的爱情和婚姻，那出发点也是逃避孤独。

后来，我问过一位西方的妇女研究者，她可曾遇到过这种情形？她说——没有，在我们那里，没有出现过这种情景。也许，东方的女性特别爱未雨绸缪。我不知道这是表扬还是批评。大概，所有的优点发展到了极致，都有了沉思和反省的必要。

寻觅优秀的女人

寻觅优秀的女人。

女人占了人类的一半。这个数字是多少？假定人类有六十亿，广义的女人（从垂垂老媪到嗷嗷待哺的女婴）就有三十亿。假如我们把女孩的年龄界定在十五至三十岁，大约占女人总人数的五分之一吧，那也有六个亿了。

望漫天霞霓，俯苍茫人寰，常常想，这其中最优秀的女人该有多少？

优秀的女人首要该是善良的。

之所以把善良排得唯此为大，是因为这个世界残酷太多。权力场，金钱场，情场，战场……到处弥漫着硝烟，到处流淌着血污。在温文尔雅的面纱下，潜伏着充满杀机的眼睛。优秀的女孩赋有净化灵魂的使命，她们像明矾一样，使世界变得澄清。她们的血像油一般润滑了车轮，历史艰难地向前滚动。女人的善良是人类温情的源泉。

善良的女人知多少？

这个比例实在是不敢高估。女性其实是极不易保持善良的。她们遭受的屈辱多，她们自身的负担重。在被伤害之后，易滋生出火焰一样的报复。在悲伤之余，常在凄冷的黑夜咬牙切齿，对整个生活发出女巫般的诅咒。

原谅我，女人们。虽然我很想说出一个有关你们善良的高比例，犹如我们面对一块待检的金石，报出它是十足赤金。但事实是，历经磨难而终不改善良本性的女人，像一道穿流污浊仍清澈见底的小溪，其实是很罕见的。苍老的妇人多见狞恶之色，琐碎之色，猥琐之色，就是明证。

优秀的女人其次应该是智慧的。

女人比男人更需要智慧，因为她们是更柔软的动物。智慧是优秀女人贴身的黄金软甲，救了自身才可救旁人。没有智慧的女人，是一种通体透明的藻类，既无反击外界侵袭的能力，又无适应自身变异的对策，她们是永不设防的城市。智慧是女人纤纤素手中的利斧，可斩征途的荆棘，可斫身边的赘物。面对波光诡谲的海洋，智慧是女儿家永不凋谢的白帆。优秀的智慧的女性，代表人类的大脑半球，对世界发出高亢而略带尖锐的声音，在每一面山壁前回响。

但女人难得智慧。她们多的是小聪明，乏的是大清醒。过多的脂粉模糊了她们的眼睛，狭隘的圈子拘谨了她们的想象。她们的嗅觉易在甜蜜的语言中迟钝，她们的脚步易在扑朔的路径中迷离。智慧不单单是天赋的独生女，她还是阅历、经验、胆魄三位共同的学生。智慧是一块璞，需要雕琢。而雕琢需要机遇。

不是每一块宝石都会璀璨，不是每一粒树种都会挺拔。

我是一个保守的农人。面对一块贫瘠土地上的麦苗，实在不敢把收成估计得太好。智慧的女人通常比我们想象的要少。

优秀的女人还需要勇气。在这颗小小的星球上，什么矛盾都不存在了，男人和女人的矛盾依然欣欣向荣。交战的双方永远互相争斗，像绳子拧出一个个前进的螺纹。假如你是一个优秀的女人，无论你朝哪个领域航行，或迟或早你将遭遇这个世界上最优秀的男人。不要奢望有一处干燥的麦秸可供你依傍，不要总在街上寻找古旧的屋檐避雨。当你不如一个男人的时候，他会宽宏大量地帮助你，当你超过一个男人的时候，他会格外认真地对抗你。这不知是优秀女人的幸与不幸？善良的智慧的有勇气的女人，要敢在黑暗的旷野独自唱着歌走路，要敢在没有桥没有船也没有乌鸦的野渡口，像美人鱼一般泅过河。

这个比例有多少？

望着越来越稀疏的队伍，我真不忍心将筛孔做得太大。但女人天性胆小，就像含羞草乐意把叶子合起来一样。你不能苛求她们。

现在，在漫长阶梯上行走的女人已经不多了。

最后让我们来说说美丽吧。

在这样艰苦的跋涉之后再来要求女人的美丽，真是一种残酷。犹如我们在暴风雨以后寻找晶莹的花朵。

但女人需要美丽。美丽是女人最初也是最终的魅力。不美丽的女人辜负了造物主的青睐，她们不是世上的风景，反倒成了污染。

何为美丽？一千个人有一千种说法。我只能扔出我的那一块砖。

美丽的女人首先是和谐的。面容的和谐，体态的和谐，灵与肉的和谐。美丽并非一些精致巧妙的零件的组合，而是一种整体的优美。甚至缺陷也是一种和谐，犹如月中的桂影。那不是皓月引发无数遐想最确实的物质基础吗？和谐是一种心灵向外散发的光辉，它最终走向圣洁。

美丽其次应该是柔和的。太辛辣太喧嚣的感觉不是美，而是一种刺激。优秀女人的美丽像轻风，给世界以潜移默化的温馨。当然它也容纳篝火一般的热情。可是你看，跳动的火苗舒卷的舌头是多么的柔和，像嫩红的枫叶，像浸湿的红绸。激情的局部仍旧是细致而绵软的。

美丽的女人应该是持久的。凡稍纵即逝的美丽都不是属于人的，而是属于物的。美丽的女人少年时像露水一样纯洁，青年时像白桦一样蓬勃，中年时像麦穗一样端庄，老年时像河流的入海口，舒缓而磅礴。

美丽的女人经得起时间的推敲。时间不是美丽的敌人，而只是美丽的代理人。它让美丽在不同的时刻呈现出不同的状态，从单纯走向深邃。

女人的美丽不是只有一根蜡烛的灯笼，它是可以不断燃烧的天然气。时间的掸子轻轻扫去女人脸上的红颜，但它是有教养的，还女人一件永恒的化妆品——叫做气质。可惜有的女人很傻，把气质随手丢掉了。

也许可以说，所有美好的女人都是美丽的。

我在女性的群体里砌了一座金字塔。它是我心目中的女性黄金分割图。

这样一路算下来，优秀的女人多乎哉？不多也。

是不是我的比例过于苛刻？是不是我对世界过于悲观？是不是我看女人的暗影太多？是不是优秀和平庸原不该分得太清？

现代的世界呼唤精品。女士们买每一个提包都要求质量上乘，为什么我们不寻求自身的优秀？

优秀的女人也像冰山，能够浮到海面上的只有庞大体积的几十分之一。精品绝不会太多，否则就是赝品或是大路货了。

难道女人不该像拥有眼睛一样拥有善良吗？难道没有智慧的女人不是像没有翅膀的鸟儿一样无法翱翔？难道坚忍不拔果敢顽强对于女人不是像衣衫一般重要？难道女人不是像老妪爱惜自己最后一颗牙齿一样爱惜美丽？

让我们都来力争做一个优秀的女人吧。为了世界更精彩，为了自身更完美，为了和时间对抗，为了使宇宙永恒。

发的断想

"头发长，心眼短"是形容女人的一句俗话，总觉得这话没道理。头发为什么同心眼成反比例？

但头发的确是性别的象征。少时我在喜马拉雅、冈底斯和喀喇昆仑三山交汇处的高原当兵，男人多，女人少。我们常年裹在绒绒的棉衣里，纵是用直尺去量，也绝无曲线。唯一可在轮廓上昭示出男女的是头发，为了消弭男人的遐想，领导要求我们把所有的头发都藏进军帽。刘海儿自然是一根也不留，少女光亮的额头如同广场一般洁净。颈后的碎发却很麻烦，我的发际低，需把头发狠狠地拎起，茅草一样塞进军帽，帽檐因此翘得很高，像喇叭花昂然向上。每晚脱下军帽都要搓揉许久：头发像遭了强烈的惊吓，隆起一片栗疹。那时候有一个梦：让头发晒晒太阳。

有一种液体叫"海鸥"，我至今不知它的成分，但味道独特，难以忘怀。那时探家回北京，归队时总要背几大瓶，关山迢迢，不以为苦，"海鸥"洗过的头发清亮如丝，似乎也没有头皮屑，又好分装。记得一次战友分别，想送她一点小礼物，正琢磨不出哪样东西称心，她说，就送我一瓶海鸥水吧，等于送我一头好头发。

第一次用现代的洗发液，是妹妹在包裹中寄到高原的。那是一枚小小的鱼形塑料泡，泡里储着水草绿色的液体。妹妹说那是出国回来的朋友所赠，她舍不得用，又翻越万水千山送我。好长时间舍不得剪开，只有姐妹之情，才有这份细腻与悠长。

如今我们已经有无可胜数的洗发液了。色彩斑斓，清香扑鼻。女人们可以梳各式各样的发式，从最简单的"清汤挂面"到最繁复的"朋克"式,都是私事,无人干涉。女人们的头发便在春天的和风里,尽情晒太阳。

对于一则广告的立意我略有些微词。一个美丽的女孩求职,一切都很顺利。就在要被录用的一瞬间,突然发现了她的头皮屑,于是女孩子像鲜花一样的前程模糊了……

女人的自信心就这样的与头发呈现密不可分的正相关系吗?

男人和女人的头发都会长得很长,例如我们的清朝。世界允许女人留长发,是上天赐给女人的财富,头发使女人显得更妩媚更娇柔,把头发浣洗得亮丽如漆,是女人的功课,源远流长。

然而头发毕竟是头发,女人应该心比发长。

女士，你多大年纪

北京的六月，已经可以闻到酷暑的味道了。北大召开的第一届"妇女与文学"国际研讨会，美国妇女运动领袖培蒂·弗里丹女士，穿一身乳白色的亚麻衣裙，白发飘飘，双目炯炯有神。她做了"一个女人的一生"的重要发言，立论精辟，话语中辅以很优雅很坚定的手势，给人强大的冲击力。

会议中，弗里丹女士同中国女作家座谈。大家在一张长桌的对面落座，弗里丹女士的第一句问话是：女士，你们今年多大年纪了？

我们都愣了一下。中国女士原不忌讳报告自己的芳龄，古代说书时提到一个美妙佳人，先是向众人汇报她"年方二八"。倒是近年来学了西洋的礼数，知晓了文明世界是不能打探女士的年纪的。把这列为绝大的机密，问了就是愚昧的表现。不想我们刚刚在礼节上入了门，老师反倒变了章程。

不管怎样，被人劈面问到头上，我们都爽快地回答了。弗里丹女士说，长久以来，女人都不敢谈自己的年龄，好像一说了年龄，自己就老了，就没有价值了。女人们拼命要使自己显得年轻，她们惧怕时间。各种化妆品和美容术都说可以让六十岁的女人显得像四十岁的女人，四十岁的女人显得像三十岁的女人……难道女人六十岁就是生命的末日了吗？美国男人的平均寿命是七十二岁，女人的寿命则是八十岁。女人要正视自己的年龄，勇敢地面对这个真实的自我……

作为理解和赞同，我们也明确地向她发问：您多大年纪了？弗里丹女士回答，她是 1921 年出生，今年整整七十四岁了。

她 1963 年出版了《女性的神话》,在美国首次抨击了西方传统中男权统治下的贤妻良母形象,这本书在美国女性中,几乎达到了人手一册的普及。

询问女士的年纪,只是这次会面中一个小小的插曲。但现今有多少人具有这种面对真实的坦率呢?我们在学习西方,西方反而回到了我们以前的状态。但我们以前的问和弗里丹女士今天的问,似乎又有某种质的不同。中国人从前过于注视别人的隐秘,终于遭到了时代强大的反弹。女人们今天可以保守自己年龄的秘密了。但女人的年龄是否永远是一个秘密? 在弗里丹女士这种勇敢自信的女人那里,答案是否定的。

分手的时候,我们请弗里丹女士用简要的话,总结一下女权主义的涵义。

那就是女人和男人的平等。在素质和价值上的完全平等。她甩了一下雪白的头发说。

校门口的红色跑车

　　女人们对自己的感情经历，大体上可分为三种。一种是讲，逢人就讲，对熟悉她和不很熟悉她的人，甚至车船旅途中的萍客，都可倾诉。一种是不讲，埋得深深，不少人把它像一种致命的病菌一样，带进坟墓。第三种是通常不讲，但在某一特别的场合和时间下，会对人讲。那种时刻，如果我恰巧成为听众的话，常常生出感动。因为我知道，此时一定有什么特别的情形，痛切地触动了她的内心。我也要感激她对我的信任和这一份特别的缘分。

　　那一夜，月亮非常亮。据说是六十三年以来，月亮最亮的一个晚上。女孩对我说。

　　我是师范院校的学生。读师范的女生，基本上都是家境贫寒的，长相通常也不很好。这样说，我的女同学们，可能会不服气，但我说的是实话，包括我自己，相貌平平。大约读大二的时候，我们就可以做家教了。其实那时，我们和普通大学生所上的课，并没有大的区别，还没学到教学教法什么的，也不一定就能当好如今独生子女的小先生。师范院校的牌子挺能唬人的，再说我们也特需要钱来补贴。所以，同学们就自己组织起家教"一条龙"服务，每天派出代表，在大街上支个桌子，上书"家教"两字，等着上门求助的家长，接了活后再分给大家。谁领到了活儿，会从自己的收入当中，抽一部分给守株待兔的同学——我们称他们为"教提"。

　　有一天，教提对我说，给你分一个大款的女儿，你教不教？我说，钱多不多？他说，官价。我说，你还不跟大款讲讲价？他苦笑着说，讲了，不成，人家门儿清。我说，好吧，官价就官价。他说，那明天下午四点，范先生驾车大门接你。

第二天，我提前五分钟到了学校门口。没人。我正好把自己的服装最后检视一遍。牛仔裤，白T恤——挺得体的，既朴素又充满了活力，而且这是我最好的衣服了。

四点整，一辆我叫不出来名字的红跑车飞驰而来，停在我面前，一位潇洒的中年男人含笑问道：您是黎小姐吗？

我姓李，他讲话有口音，我也就不计较了，点点头。我说，您是范先生吗？他说，正是。咱们接上头了，快请上车吧，我女儿正在家等你呢。

我上了车，坐在他身边，车风驰电掣地跑起来。我从来没有坐过如此豪华的车，那感觉真是好极了。他的技术非常娴熟，身上散发着清爽的烟草和皮革混合的气味，好像是猎人加渔夫。总之，很男人。

他一边开车一边说，女儿的英语基础不是很好，尤其是胆小，不敢会话。口语的声音弱极了，希望我不要在意。我的目光注视着窗外飞速闪动的街景，不停地点头……心想，同样的建筑，你挤在公共汽车上看，和坐在这样高贵的车里看，感受竟有那么大的差别啊。

很快到了一片"高尚"住宅区（我对这个词挺不以为然的，住宅也不是品质，凭什么分高尚和卑下呢）。在一栋欧式小楼面前停下，他为我打开车门时说，我的女儿英语考试成绩每提高一分，我就奖给你一百块钱。

我充满迷茫地问他，你女儿的英语成绩和我有何相干呢？我是来教历史的。

那一瞬，我们大眼瞪小眼。然后异口同声地说：对不起，错了。他赶紧带上我，驱车重回校门口，接上那位教英语的黎同学回家，而我找到已经等得很不耐烦的范先生。

说实话,那天我对范先生的女儿很是心不在焉。这位范先生虽说也是殷实人家,但哪能与那一位范先生相比呢?我心里称那位先入为主的为——范一先生。

晚上,我失眠了。范一先生的味道,总在我的鼻孔里萦绕。我想,住在那栋小楼里的女人,该是怎样的福气呢?不过,想来素质也不是怎样的好吧?不然,她的女儿为什么那么胆小?要是我有这样的先生和家业,会多么的幸福啊……

想归想。这年纪的女生,谁没有一肚子的幻想呢?天一亮,我就恢复正常了,谁叫咱是灰姑娘呢!下午四点之前,我又到了校门口,范二先生说好了再来接我。可能是因为头天迟到的缘故,我到的格外早。

走近校门口,我的心咚咚跳起来——又看到了那辆非凡的红色跑车。我悄悄站在一旁,因为和我没关系。他是来接英语系的黎同学的,这很好理解。

没想到,那辆红跑车,如水鸟一样无声地滑到了我面前,范一先生温柔地笑着说,李小姐,你好。

我说,您到的很早啊。

范一说,昨天我正点到时,你已经到了。所以我想你今天还会到得早,果然不错。我喜欢守时的人,咱们走吧。

他说着,打开了车门。

我说,范先生,昨天错了。

他笑笑说,昨天错了,今天就不能再错。我已将黎同学炒了,重新雇用你。

我很吃惊,说,你怎么会知道今天我们能见面?

他说,不要这么惊奇。你惊奇的样子,可爱极了。对于一个商人来说,这点信息有什么难呢?历史系,一个姓氏和"黎"近似的有着魔鬼身材的女生,现正做着家教……就这样啊。

我扶着车门说，我不是英语系的。

他说，你的大学只要是考上的，就可以教我女儿的英语……上车吧，我女儿已经在等了。

在车上，所有昨天的感觉都复活了。正当我沉浸在速度的快感之中时，范一先生打断了我的美好感受。他说，看来你对自己太不在意了。

我说，此话怎么讲？

他说，你穿着和昨天一模一样的衣服。有你这样魔鬼身材的女孩，应该善待自己才是。

我说，一个穷学生，是无法善待自己的。

他说，我也当过穷学生，你的处境我体会。但是，别忘了，你有资源啊。

我说，我有什么资源啊？芸芸众生而已。

他说，你的身材非常好，我昨天一眼就被吸引了。一个人，长相好，其实相对来讲比较容易。一张脸，才有多大的面积？对比匀称不算难。就是有些小的瑕疵，比如眼睛不够大，鼻梁不够挺直，做做整容也不难，巴掌大的地方，就那么几组零件，好安排。可一个人的身材，波及到全身所有的结构，头颅过大过小都不成，脖子不长不行，脊柱要挺拔，胸腰的比例要适宜，腿更是重中之重，要是短了，纵使闭月羞花也白搭……你呢，刚刚好，所有的搭配都天造地设，你要懂得珍惜啊。而且我提醒你，女性的身材，是很脆弱的结构。上了年纪，就不一样了。锻炼出来的，节食出来的，和天然的，是不一样的……好了，我们到了。

又是那座小洋楼，但我无心观赏它的精致了。我的心被范一先生的逻辑催动，变得不安分了。这就像一个穷人，守着自己的几亩薄田苦熬。有一天，突然有人对你说，你田里长的那些草，都是人参啊。你还能心平气和吗？

不过，那天我还是抖擞起精神，辅导范一先生的女儿。我对女人的羡慕和嫉妒，都不存在了。这是一个没有女主人的家庭，因此那女孩十分孤独内向。她的英语其实不是很差，只是因为不敢说，成绩才糟。

范一对我很满意，约定以后天天接我来做家教。我说，都是这辆车吗？

他说，你很在意这辆车吗？

我说，不是在意，是它美丽。

他说，我能理解。美丽的东西，人们都想和它在一起。好吧，即使我不能来，我也会派我的司机，开着这辆车来。

我和范一先生的女儿交了朋友，她的胆子渐渐大起来。嘴一敢张开，成绩就突飞猛进。

校门口每天准时出现的红色跑车，让我大出风头。有时候下午有课，我就编谎话请假，总之从未误了范一那边。期末，那女孩的英语成绩提高了 25 分，范一递给了我 2500 块钱。我接过来了。心安理得。

后来，他开始给我买衣服，我不要，他说，我是不忍暴殄天物啊。我就收了……直到有一天，他很神秘地拿出一个纸袋，说是托人特地从国外带回来的，送给我。那套衣服漂亮得让人心酸，让人觉得自己以前穿过的都是垃圾。

你能今天在我家就把这套衣服穿起来，让我看看吗？你知道，我也很爱美丽的东西啊。范一说。

我本不想答应，但我怕范一不高兴。工钱和奖金，都是我必需的，还有这套华贵的衣服。

我把卫生间里面门上的小疙瘩按死，开始换衣服。正当我把旧衣服脱下，新衣服还没上身的时候，门无声无息地开了。

我想看看自己的眼光，对你的三围的估计准不准？范一说。

我呼救反抗……偌大的房间里,只有我们两个人,女孩到同学家去了。暴行之后,范一扔下一笔钱,说,我是很公平的。你们做家教,是按小时收钱,明码标价。我也是。你的每一公分胸围,我付一笔钱。你的腰围比臀围每少一公分,我付一笔钱。我可以告诉你,我从来没有给过任何一个小姐这么多的钱。你真是魔鬼身材啊。

我很想到公安局告他,可我怕舆论。每天招摇的红跑车,让我气馁。我也很想把钱扔到他脸上,然后扬长而去。那是电影里常常出现的镜头,但是,我做不到。我缺钱,我已经付出了高昂的代价,我要为自己保存一点物质补偿。

我想,一个人是不是记得住那些惨痛的教训,不在于片刻的决绝,更在于深刻的反省吧。

我再也没有见过范一。有时候,在镜子面前欣赏自己优美的身材的时候,我会想起范一的话。我承认这是一种资源。但是,所有的资源,都需要保护。越是美好的资源,越要珍惜。女人,最该捍卫的,不就是我们的尊严吗?!

在明月的照耀下,我看到她脸上的清泪。

姑娘，你最近好吗？

那天，一位姑娘走进我的心理诊室，文文静静地坐下了。她的登记表上咨询缘由一栏，渺无一字。也就是说，她不想留下任何信息表明自己的困境。

我打量着她。衣着黯淡却不失时髦，看得出价格不菲。脸色不好，但在精心粉饰之下，有一种凄清的美丽。眉头紧蹙，言语虽是缓缓的，却如同细碎的弹片四下迸射。

"我得了乳腺癌，你想不到吧？不但你想不到，我也想不到。直到我躺在手术台上，刀子滑进我胸前皮肤的时候，我还是根本不相信这个诊断。我想，做完了手术，医生们就会宣布这是一个天大的误会。病理检验确认了癌症，我彻底垮了。化疗，头发被连根拔起。刀疤横劈，我知道我的生活发生了毁灭性的改变。我原是辆红色的小火车，有名利有地位有钱有高学历，拉着汽笛风驰电掣隆隆向前，人们都羡慕地看着我，现在，火车脱轨了，颠覆了，零件瘫落一地……

"我辞了外企的高薪工作，目前在家休养。我想，我的生命很有限了，我要用这有限的生命来做三件事情。第一件，以我余生的所有时间来恨我的母亲……"

无论我怎样克制着自己的情绪，还是不由自主地把震惊之色写满一脸。重病之时，正是期待家人支持的关键时刻，怎能如此决绝地痛恨母亲呢？

她看出了我的大惑，说："我的母亲是一个医生，在得知我得了病以后，她没有给过我任何关于保乳治疗的建议，总是督促我赶快接受手术。我一个外行人，不知道还有保存乳房治疗乳腺癌的方法，可她是一个医生啊，为什么不替她唯一的女儿多多考虑一番，就让那残忍的一刀切下来了呢？所以我咬牙切齿地恨她。

"我要做的第二件事是死死绑住一个男人。这个男人有家室，以前我们是情人关系，常在一起度周末，彼此愉悦。我知道这不符合毕老师你这一代人的道德标准，但对我来说是无所谓的事情。我从来没有要求他承诺什么，也不想拆散他的家庭，因为那时我还有对人生和幸福的通盘设计，和他交往不过是权宜之计。可是，如今情况大不同了，我已经失去了一只乳房，不再完整。我无法把残缺的身体展现在另外的男人面前，这个情人是见证过完整的我的最后一个男人了。我要他离婚娶我。如果他不同意，我就把他和我的关系公布于众。他是有身份好脸面的人，不敢惹翻我，我会继续逼他……

"我要做的第三件事，是拼命买昂贵的首饰。只有这些金光闪闪晶莹剔透美轮美奂的小物件，才能挽留住我的脚步。我常常沉浸在死亡的想象之中，找不到生存的意义。我平均每两周就有一次自杀的冲动，唯有想到这些精美的首饰，在我死后，不知要流落到什么样的人手里，才会生出一缕对生的眷恋。项圈套住了我的性命，耳环锁起我对人间最后的温情……"

她不停地说着，漠然而坦率。我的心随之颤抖，看出了这镇定之下的苦苦挣扎。后来她又向我摊开了所有的医疗文件，她的乳腺癌并非晚期，目前所有的检查结果也都很正常。

我确信她的生命受到了严重的威胁，但这不是来自那个被病理切片证实了的生理的癌症，而是她在癌症击打之下被粉碎了的自信和尊严。癌症本身并非不治之症，癌症之后的忧郁和愤怒，无奈和恐惧，孤独和放弃，锁闭和沉沦……才是最危险的杀手。

后来她接受了多次的心理咨询，并且口服了抗抑郁的药物。在双重治疗之下，她一天天坚强起来。她不再怨恕母亲，因为不是母亲让她得了癌症。尽管也许母亲没有尽到最好的参谋作用，但身患病痛是自己的事情，不必怨天尤人。她已长大，只能独立面对命运的残酷挑战并负起英勇还击的责任，而不是像个小妞妞赖妈妈没有把自己照顾好。她意识到虽然切除了一侧乳房，但她依然是完整的女人，依然有权利昂然追求自己的幸福。哪个男人能坦然地接受她，珍惜她，这才是爱情的坚实基础。建立在要挟和控制之上的情人关系，只能是一出浩大悲剧的幕布。至于美丽的首饰吗，她说，我想自己留下一部分，然后把一些送给朋友们。我还是很喜爱金光闪闪和玲珑剔透的小物件，但我不必把它们像铁锚一样紧紧地抓在手里，生怕一松手遗失了它们就等于丢掉了自己的性命……

疗程结束走出诊室的时候，她说，毕老师，我就不和您说再见了，因为我不想再见到您。这不等于说我不感谢你，今后的某一天，也许您的耳朵根子会突然发热，那就是我在远方深情地呼唤着您。我不见您，是相信我自己有能力对付癌症，不论是身体的癌症还是心理上的癌症，只要精神不屈，它们就会败退。

我微笑着和她道别，但愿自己永远不再见到她。但有时，会冷不丁想起这美丽的姑娘，最近还好吗？

问女应几佳

　　某次承蒙权威机构信任，聘我担当评选某年度十佳人物的评委。仪式相当正规，差额选举，候选人有三十名，也就是说，最后只有三分之一的人士能够入选。除了放映每个候选人三分钟的录像资料以外，还要候选人当场演说，给评委们以更直观的印象。

　　在这样的规则之下，评选气氛就显出凝重和庄严。我看到全部候选人端坐会场，面容紧张。但我马上变得比所有的候选人都更紧张。因为我发现了一个令人震惊的问题——女性仅占全部候选人的十分之一！我立即翻阅了有关资料，最后悲哀地确定：在三十名候选人当中，女性只有三名。

　　也就是说，如果按照这个比例当选的话，十佳之中，女性只占一佳。我不知道有关部门在确定候选人名单的时候，心中是否就已经有了这样一个悬殊的比例，但普通民众很可能看到的就是这样一个畸形的结果。有心人会发现在各种表彰当中，性别比例严重失调，总是向男性方向一边倒，女性稀少。我第一次发觉这个怪事，是报上登载的"见义勇为标兵"，其中九名男性一名女性。虽顿生诧异，转而暗想，也许女性因为体力的弱小和外出机遇的差别，与歹徒搏斗或是扑灭山火这样的壮举比较少，才出现了这般显著的差异。以后开始注意这个问题，才意识到情况绝非偶然。在"十佳青年""十佳劳模""十佳职工"等等评选中，留给女性的常常只有十分之一的份额。

　　甚至，连"再就业明星"这样的评选中，女性的比例也是十分之一，真令人大惑不解。众所周知，在裁员和下岗的风潮中，劳动女性首当其冲，她们承担了经济改革中很大的成本和风险，她们在困境中不断地挣扎和奋斗，取得了悲壮和绚烂的成就。但即使在这样用泪水和血汗铺设的领域里，女性的业绩被肯定和彰显的仍然少得可怜。我不信，偌大的一个中国，就评选不出更多几名的女性，成为新时代的楷模?! 只能说在某些制定规则的人那里，头脑中凝固着一个不成文的框框——女性的平均水准低下，和男性相比，她们永远是配角，不登大雅之堂。

会场上，我思前想后，最后写了一张纸条，辗转传到会议主席手里，要求一个三分钟的特别发言。我看到了主席的惊讶和迟疑。是的，何时投票何时唱票，会议都有严谨到几时几分的议程，一个社会评委插的什么杠子? 感谢他的信任，在片刻的斟酌之后，主席很温和地答复，您有什么意见要讲吗?请说吧，坐席上有麦克风。我说，我的意见很重要，所以，我想站到主席台上讲。

我走到主席台上，面对着所有的评委和三十名候选人说：我要拉票。为一个处于弱势的性别拉票。男女平等是写在我们党和国家的纲领中的，是我们的国策。我们已经建国半个世纪了，中国的女性已经有了长足的进步。在这样一个面向全民的表彰当中，女性只占十分之一的份额，我觉得是不公平的。我期待着今后的评比，从候选人的推荐开始，就要给女性以机遇，再不要出现九比一的差异。具体到这一次的评选，因为已来不及推荐新人，我希望评委们能把自己的一票，投给女性候选人。即使她们全部当选，也只占30%，仍然是少数，而榜样的力量是无穷的。

那一天的评选结果，十佳中有两名女性当选。主席很诚恳地对我说，谢谢您的发言，让我们的失误有所弥补。我说，期待着你们的工作，给女性以光明，给性别以平等，给社会以公正，给明天以祝福。

女也怕

若干年前，某机构邀请我作一场辩论赛的评委兼点评，我看了题目——你喜欢干的好还是嫁的好?没敢接下这份信任。因为我向往的是鱼和熊掌一锅烩，不矛盾啊。时下流行的观念好像干的好了，嫁人的危险指数就升高了。若是嫁的好，似乎就把自己给出卖了，活得不够硬气……命题本身似有矛盾之处。为什么就不访问一下男人们:你是期望干的好还是娶的好?估计所有的男士都会毫不迟疑地回答——那还用问!

想必每个女性，都期望自己既干的好，也力争嫁的好，这才双赢。干吗平白无故地把干和嫁对立起来啊?这不是自己和自己过不去吗?

从那以后留了心，才发现，干和嫁这两件事，好像捆绑式火箭，常常成双成对出现。比如一句流传很广的古话:男怕入错行，女怕嫁错郎。

行当这件事，是社会进步的表现之一。远古时代的行当简单，除了打猎就是放牧。至于在山顶洞里看着篝火以保留火种和用兽骨磨根骨针缝块遮羞布这样的活儿，估计和今日的家务劳动不记入国民生产总值差不多，属于隐形经济，是不能算行当的。以后诸事发展了，行当渐渐多起来，出现了占卜师和舞蹈家，还有部落酋长……想来这些人就是以后的研究员、艺术家、政治家的雏形。

近代，行当以几何倍数增长。据说美国的职业大典，已经收入了一万七千种职业。世界好像一张花毯，被各式各样的职业尼龙线，织的如此密不透风，让人惊惧。虽然从理论上讲，男人能做的事，女人也都能做。但不管行业如何的多，女性普遍所能从事的行业，还是比男人要少些。我认识一位杰出的妇产科主任，就是男性。我说，为什么连妇产科这样的领域，也请你坐了头把交椅？他说，因为我从来不会得我所医治的这些病，比如难产和子宫肌瘤，所以，我就格外的用心。

女人所能从事的事业较之男性为少，女性就更怕入错了行。对女人来说，"行"是什么？是一双吃饭的筷子，是一袭柔软的金甲，是一道曲折幽冷的雨巷，是一付飞跃雪野的滑板……人对了行，成功的把握就大。入错了行，事倍功半也许是零。让一个擅举重的运动员，练了体操，必蹉跎岁月一事无成。

这事也能反过来看。查查事业成功的人士，究竟有些什么特点呢？在美国，有一位研究人员，做了长期的跟踪调查，得出了优秀人士的四大基本特征。

第一条是：通常是男人居多。第二条是：通常是结过婚的。第三条是：通常离婚的比例较低。第四条也就是最重要的一点是：通常没有共同点。(这一条查的很周到，比如说他们的身高、体重、籍贯、受教育的程度、性格、品德等等，都不相同。)

四个通常。我看到这个结果之后，愣了一会儿就嘻嘻笑起来。我相信它是有道理的。也相信这个研究人员辛苦了若干年，得到的常识没什么用。

那么，选择行当的依据是什么呢？研究表明，对职业最持久和最深远的影响力，来自我们的兴趣。爱因斯坦说过，爱好是我们最好的老师。

对女人来说，如果你有一份挚爱倾心的工作，你就为自己植下了一株神秘的花朵。它妖娆生长，持久地散发出魅人的香氛，熏炙着你的每一个日子，使它们从暗淡的岁月中凸现出来，变得如此不同寻常。

你爱一个人，那个人可以背叛你。你爱一只狗，那只狗虽然不会背叛，可是它会老去。唯有你爱一桩事业，它是奔腾不息的。你付出的是青春，它还报你的是惊喜。你可以消失，但你在你的事业中永恒。当我们阅读着一部经典的作品，当我们注视着一座伟大建筑的遗骸，当我们摩挲着一个古瓷小碗，当我们在星斗的照射下，缅怀人类所有的探索和成就时，我们就是在检阅事业的花名册了。

　　当女性选择行当的时候，比较少地考虑自己的爱好，更多考虑的是安全和收入，这是历史也是现实。这是生活所迫也是发展的羁绊。女性的温饱解决之后，工作就日益成为尊严和自我价值体现的最主要杠杆。

性感的进化

女友是经济学家。一天拉拉杂杂地聊天,不知怎的扯到性感上来了。她问,依你看,在表述对异性性感方面的要求上,男人和女人谁更赤裸裸?

我一时没听明白,说从哪些方面看呢?

女友说,就从征婚广告上看吧。这是现代人对性感要求的最好标本。

我说,那可能是男性。你没看到满世界花红柳绿的刊物封面,都是美女当家,基本是为了满足男性的审美欲望。

女友说,错了。我看女性在要求男性性感方面,一点也不含蓄。比如征婚广告,女性全都很明确地标出要求男性的身高。身高这个东西,就是性感标志。在畜牧和农耕社会之时,包括前工业社会,一个男人的身高是非常重要的,因为追赶猎物捕获敌方包括应对情敌,身高都是举足轻重的砝码。一个女人,找到一个高大的男人,自己和后代的生存与安全就有了比较稳固的保障。相比之下,男人还要克制一些,甚至可以说明智一些。他们在征婚广告上并没有写出要求女性的三围是多少,更多是提出希望所征女性贤淑温柔。这是后天的品德而不是先天所赐。当然你可以说贤淑也是性感,如果说性感也分档次的话,我看这是较高层次的性感指标。

我笑起来说,那按你的这套逻辑,其实要求男子的身高是一种过了时的性感。

女友正色道,是啊。就是在原始社会,身高也不一定能保证必定胜出，矮个子只要智谋超群，也一样能遗传自己的基因，这也就是矮个子至今连绵不绝的原因。女人把持着身高这一点不放，是思维上的懒惰，把事物简单化了。简单的现代化还有一种表现，就是把财富当成了性感。我大笑，说这也太有趣了，身高当性感还可接受，至于钱和性感，实在有点风马牛不相及。

朋友说，毕淑敏你太迂。我说的不是幸福，是性感。性感是个中性的词汇，你不能说它是好或是不好，也不能说它一定会导致怎样的结果。一些不愿或是不喜用自己的头脑思考的人，总是喜欢把复杂的事情写成普及版。如今，不单有钱是性感，有权有势也都成了性感标志。你看腐化堕落的高官，几乎都有所谓的"红颜知己"，其实不过是吞食了诱饵的异性猎物。以为男子有权有势有身高有祖业……就是性感，以为跟随他自己的一生就有了保障，实在大谬。性感并不是生殖感，所以它不仅仅和性激素有关，更是和一个人对自己的性别的把握和修养有关。拿男子来说，想远古时期，必是跑得快跳得高能用石斧砍虎狼的头领才是性感。到了后来，像诸葛亮这样摇着鹅毛扇但很有计谋的人，也要算作性感。远古对待女人，一定是能多多生育的母亲才叫性感。但到了自杀的虞姬那会儿，除了美貌，刚烈忠贞也算性感了。这样看来，性感也是社会进步的指标之一。据说，最近某地评选最性感的男人，凤凰卫视的阮次山先生当选，这位老先生秃顶结巴，实在有违当下美男的标准。可见性感在不断进步。

性感在女性，不是扭腰送胯飞媚眼，也不是丰乳肥臀嗲音调，而是一种将女性的外在和内在之美融合为一体，不单要男性觉得这是异性独到的巧夺天工，更要让女性也觉得这是本性姹紫嫣红的骄傲。性感在男性，不是虎背熊腰蛮气力，也不是高官厚爵金满地，而是将男性的外在和内在之美也融合得天衣无缝，不单让女性觉得这是异性独到的万千气象，更要让男性也觉得这是自己奋斗和仰望的范本。

我说，听你这样一讲，我等便都是一点都不性感的凡人了。朋友说，你以为性感像如今绿化的美国冷草坪一样遍地都是么？性感其实是一种稀缺资源。

女人什么时候开始享受

当我们为自己的母亲，为自己的姐妹，为我们自己，问这个问题的时候，我们先要说明什么是女人的享受？

我们所说的享受，不是一掷千金的挥霍，不是灯红酒绿的奢侈，不是喝三吆四的排场，不是颐指气使的骄横……

我们所说的享受，不是珠光宝气的华贵，不是绫罗绸缎的柔美，不是周游列国的潇洒，不是管弦丝竹的飘逸……

我们所说的享受，只不过是在厨房里，单独为自己做一样爱吃的菜。在商场里，专门为自己买一件心爱的礼物。在公园里，和儿时的好朋友无拘无束地聊聊天，不用频频地看表，顾忌家人的晚饭和晾出去还未收回的衣衫……在剧院里，看一出自己喜欢的喜剧或电影，不必惦念任何人的阴暗冷暖……

我们说的女人的享受，只是那些属于正常人的最基本的生活乐趣。只因无数的女人已经在劳累中将自己忘记。

女人何尝不希冀享受啊？

抱着婴儿，煮着牛奶，洗着衣物，女人用沾满肥皂的手抹抹头上的汗水说，现在孩子还小，等孩子长大了，我就可以好好享受享受了……

孩子渐渐的大了，要上幼儿园。女人挽着孩子，买菜做饭，还要在工作上做得出色，女人忙得昏天黑地，忘记了日月星辰。

不要紧，等孩子上了学就好了，松口气，就能享受了……女人们说，她们不知道皱纹已爬上脸庞。

孩子终于开始读书了，女人陷入了更大的忙碌之中。

要把自己的孩子培育成一个优秀的人。女人们这样想着,陀螺似的转动在单位、家、学校、自由市场和各种各样的儿童培训班里……孩子和丈夫是庞大的银河系,女人是行星。

白发似一根银丝,从空气中悄然落下,留在女人疲倦的额头。

我什么时候才能无牵无挂地享受一下呢?

在没有月亮的夜晚,女人吃力地伸展自己酸痛的筋骨,这样问自己。

哦,坚持住。就会好的,等到孩子大了,上了大学,或有了工作,一切就会好的。到那个时候,我可以好好地享受一下了……

女人这样对自己允诺。

她就在梦中微笑了。

时间抽走女人的美貌和力量,用皱纹和迟钝充填留下的黑洞。

孩子大了,飞出鸽巢。仅剩旧日的羽毛与母亲做伴。

女人叹息着,现在,她终于有时间享受一下了。

可惜她的牙齿已经松弛,无法嚼碎坚果。她的眼睛已经昏花,再也分不清美丽的颜色。她的耳鼓已经朦胧,辨不明悦耳音响的差别。她的双腿已经老迈,再也登不上高耸的山峰……

出去的孩子又回来了,他带回一个更小的孩子。

于是女人恍惚觉得时光倒流了,她又开始无尽的操劳……

那个更幼小的孩子开始牙牙学语了,只是他叫的不是“妈妈”,而是“奶奶”……

女人就这样老了,终于有一天,她再也不需要任何享受了。

在最后的时光里,她想到了,在很久很久以前,她对自己有过一个许诺——在春天的日子里,扎上一条红纱巾,到野外的绿草地上,静静地晒太阳,听蚂蚁在石子上行走的声音……

那真是一种享受啊。

女人说着，就永远地睡去了。

原谅我描述了这样一幅女人享受的图画，忧郁而凄凉。

因为我觉得无数的女人，在慷慨大度地向人间倾泻爱的时候，她们太不爱一个人了——那就是她们自己。

女人们，给我们自己留一点享受的时间和空间吧。不要一拖再拖，不要一等再等。

就从现在开始，就从今天开始。

不要把盘子里所有的肉，都挟到孩子的嘴边。不要把家中所有的钱，都用来装扮房间和丈夫。不要把所有的精力，都投入工作。不要在计划节日送礼物的名单上，独独遗下自己的名字……

善良的女人们，请从这一分钟开始，享受生活。

男人和女人的区别

做医生的时候,常常接生。男婴和女婴的区别,就在那小小的方寸之间。后来,男孩和女孩长大了,一个头发长,一个头发短。一个穿裙衫, 一个穿短裤。这是他人强加给男人和女人最初的区别,他们其实还在混沌之中。后来,曲线们出来了,肌肉们出来了。这些名叫第二性征的桨, 把男人和女人的涟漪渐渐划出互不相干的圆环。

遇到过一个女病人,因为重病,需要持续地应用雄激素。那是一种粘稠的胶水样物质, 往针管里抽的时候非常困难, 好像是黄油。那药瓶极小,比葵花籽大不了多少。每个星期打两针,量也不算大。药针就这样一管管打下去,不知从哪一天开始,以前那个清秀的女孩,像蝉蜕悄然陨落。一个音色粗哑、须发苍黑、骨骼阔大、满脸粉刺的鲁莽汉子蹒跚地出现在我们面前。以至于同屋的一个女病人嗫嚅地对我说,她还算女人吗?我想换到别的屋。

男人也有用雌激素的,比如国际驰名的人妖。任凭你有再好的眼力,也看不出他们与天然的女人有何区别。

我端详着装有雌雄两种激素的小瓶, 在医学里它们被庄严地称为"安瓿"——英文"AMPOULE"的音译。意思是密封的小注射剂瓶。两种激素的作用虽有天壤之别,但外观是那样的相似,像新鲜松香粘而透明。敲开安瓿闻一闻,也没有什么特殊的气味。

但男人和女人巨大的差别就蕴藏在这柔润的液体里。这魔幻的药水里,有尖锐的喉结、细腻的肌肤、温婉的脾性和烈火般的品格。它使所有男人和女人的神秘,都简化成一个枯燥的分子式。它是上帝之手，可以任意制造美女和伟男。它是点石成金的造化，把人类多少年的雕琢浓缩到短暂的瞬间。

人关于自身最玄妙的谜语，被这淡黄色的油滴践踏。所有男人和女人各自引以为自豪的差别，只不过是两个小小的安瓿而已。

假如你把玻璃药瓶上的字迹擦掉，你就分不出它到底是哪一性的激素。

两个一模一样的安瓿。这就是男人和女人的全部区别。

我们沉默。我们暗淡。科学就是这样清脆地击落神话和谎言，逼迫人们面对赤裸裸的真实。

男人和女人的区别究竟在哪里？

他们犹如南极和北极，蒙着一样的冰雪，裹着一样的严寒，但它们南辕北辙，永不重叠。

性征是不足以强调的，它们已在冷静的手术台上，被人千百次地重新塑造。甚至女性赖以骄人的生育，也已被清澈的试管代替。生物的自然属性淡化为一连串简洁的符号。假如今日还有人以自己的性别特征为资本，喋喋不休，那实在是悲哀和愚蠢。

我们寻找，男人和女人的区别。

那区别不在生理而在心理，不在外表而在内心。人类文明进程的天空愈晴朗，太阳和月亮的个性愈分明。

男人和女人都做事业。男人是为了改造这个世界，女人是为了向世界证明自己。

男人为了事业，可以抛却生命和爱情。他们几乎从一开始的时候就下了必死的决心，愿意用一生去殉事业。男人崇尚死，以为死是最壮丽的序言和跋。因而男人是悲壮的动物。

女人为了事业，力求生命与爱情两全。她们在两座陡壁中艰难地攀登，眼睛始终注视着狭隘的蓝天。她们总相信在生命的最后一分钟会出现奇迹，她们崇尚生。在她们的潜意识里，自己曾经制造过生命,还有什么制造不出来的呢?女人是希望的动物。

男人的感情像一只红透了的苹果,可以分割成许多等份,每一份都香甜可口。当然被虫子蛀过的地方除外。

女人的感情像一洼积聚缓慢的冷泉,汲走一捧就减少一捧,没有办法叫它加速流淌。假如你伤了那泉眼,泉水会在瞬间干涸。所以女人有时候会显得莫名其妙。

男人的内心像一颗核桃。外表是那样坚硬,一旦砸烂了壳,里面有纵横曲折的闪回,细腻得超乎想象。

女人的内心像一颗话梅。细细地品,有那么复杂的滋味。咬开核,里面藏着一个五味俱全的苦仁。

男人的胸怀大,所以他们有时粗心。女人的心眼小,所以她们会斤斤计较。

男人的脚力好,所以他们习惯远行。女人的眼力好,所以她们爱停下来欣赏风景。

男人和女人都要孩子。男人是为了找到一个酷肖自己的人,自己没做完的事还等着他去做呢。女人是为了制造一个崭新的人,做一番自己意想不到的事。

男人和女人都吃饭。男人吃饭是为了更有力气,所以他们总是狼吞虎咽。女人吃饭是因为必须要吃,所以她们总是心不在焉。

男人和女人都穿衣。男人穿衣是为了实用,所以他们冬着皮毛夏套短裤,只管自己惬意。女人穿衣是为了美丽,所以她们腊月穿裙子三伏披有帽子的风衣,很在乎别人的评议。

男人遇到伤心事的时候,把眼泪咽到肚里,所以他们的血液就越来越咸,心像礁石,虽然有孔,但是很硬。女人遇到伤心事的时候,就把眼泪洒在地上,所以她们的血液就越来越淡,像矿泉水一样,比较甜,比较晶莹。

男人爱把自己的忧郁藏起来,觉得忧郁是一件丢脸的事情。女人爱把忧郁涂在自己的脸上,好像那是一种名贵的粉底霜。

男人把屈辱痛苦愤怒都化为力量。他们好像一只热火朝天的炉子,无论什么东西抛进去,都能成燃料,呼呼地烧起来。水哗哗地开了,喧嚣的蒸汽推着男人向前走。

女人将所有的苦难都凝聚为仇恨。无论伤害的小路从哪里开始,都将到达复仇的城堡。然而女性的报复是一把双刃的剪刀,它在刺伤女人仇人的同时刺伤女人。甚至它刺伤主人在先。然而女人正是见到仇人的血与自己的血流在一起,她才心安,才感到复仇的真实。假如自己毫发无损,即使对方血流成河,她们也觉得不可靠,不扎实。她们有一种同归于尽的渴望。

男人在欢庆胜利的时候,马上考虑把战果像面包似的发起来。胜利像毒品一样,刺激他们更大的欲望。女人在欢庆胜利的时候,想的是赶快把苹果放到冰箱里保存起来。胜利像电扇,吹得她们更清醒。于是男人多常胜将军也多一败涂地的草寇,女人多稳练的干家却乏恢弘的大手笔。

男人会喜欢很多的女人,在他一生的任何时候。女人会怀念一个唯一的男人,在她行将离开这个世界的瞬间。

男人和女人的区别太多太多。它们像骨髓,流动在最坚硬的地方。当我们说某某像个女人的时候,我们已使女人抽象。当我们说某某像男人的时候,我们指的其实是一种类型。剔掉了世俗的褒贬之意,原野上剩下了孤零零的两棵树。两棵树都很苍老;年轮同文明一般古旧。它们枝叶繁茂,上面筑满鸟巢。

它们会走到一处吗?

无所谓高下,无所谓短长,无所谓优劣,无所谓输赢。各自沐着风雨,在电闪雷鸣的时候,打个招呼。

男人和女人的区别,地久天长。

女思考者

那尊著名的"思考者"塑像,是一个裸体的青年男子,支着肘,注视远方,想着什么……

于是,"思考"——这一抽象的活动,就被赋予了形象的模式——男子用强有力的手臂支撑着睿智的头颅,若有所思……它演绎并强化了一个约定俗成的概念——当人们谈论"思索"的时候,首先想到的是男人。

那男子究竟在想什么?谁也不知道。有一则笑话说,他,在想——唔,我的衣服,到哪里去了呢?

当男人思索的时候,女人在干什么?虽然没有谁敢明说女人是不会思考的,但传统的文化是那样漠视女人的思考。仿佛女人们不用脑,而只是用头发、指甲、肚子和脚……想入非非。因此,女性的思考是拙劣和次等的,在重要的场合,不必听取她们的声音。这种思考上的歧视,绵延不尽,如无所不在的风,你抓不住它,但无时无刻都能感觉到它的浸淫。

据新的研究证明,人类的智力遗传主要来自母亲,而父亲则更偏重于传达情感的链条。一个冤案翻了过来。在这之前,人们通常以为智力来自男性,而情感来自女性。那种以为女性是一个缺乏智慧的性别,或者认为女性智力较之男性先天欠缺的说法,在生理学的层面上已全然崩溃。

智力不等于智慧,但和智慧密切相关。有翅膀的不一定会飞,比如鸡和鸭子。但会飞一定要有健硕的翅膀,比如鸟和雨燕,比如鸿鹄和鲲鹏。

女性既然是智力汹涌之海，女性也将是和必是强有力的智慧思考家。

　　我们思考山岳和海洋，因为女性的生命和发展与自然密切相关。我们思考战争与和平，因为女性参与整个人类的文明进程。有了女性慈爱的引导，战火的硝烟将淡薄消散。我们思考科学和技术，因为它是人类繁衍昌盛的必需和地球联络宇宙的信号。我们思考家庭和孩子，因为它是神圣的花园和晶莹的蓓蕾。我们思索自己的身体和灵魂，因为它是女性出发的锚地和翱翔的天穹。

　　女思考者，世界将倾听你伟大的声音。

淑女书女

假若刨去经济的因素,比如想读书但无钱读书的女子,天下的女人,可分成读书和不读书两大流派。

我说的读书,并不单单指曾经上过小学中学大学硕士博士,读过一本本的教材。严格地讲起来,教材不是书。好像司机的学驾驶和行车,厨师的红白案和刀功一样,是谋生的预备阶段,含有被迫操练的意味。

我说的读书,基本上也不包括报纸和杂志,虽然它们上头都印有字,按照国人"敬惜字纸"的传统,混进了书的大范畴。那些印刷品上,多是一些速朽的讯息,有着时尚和流行的诀窍。居家过日子的实用性是有的,但和书的真谛,还有些差异。

好书是沉淀岁月冲刷的砂金,很重,不耀眼,却有保存的价值。它是地球上曾经生活过的那些智慧的大脑,在永远逝去之前自立下的思维照片。最精华的念头,被文字浓缩了。好像一锅灼热久远的煲汤,濡养着后人的神经。

书对于女人的效力,不像睡眠。睡眠好的女人,容光焕发。失眠的女人,眼圈乌青。读书的女人和不读书的女人,在一天之内是看不出来的。

书对于女人的效力,也不像美容食品。滋润得好的女人,驻颜有术。失养的女人,憔悴不堪。读书的女人和不读书的女人,在三个月之内,也是看不出来的。

日子是一天天地走,书要一页页地读。清风朗月水滴石穿,一年几年一辈子地读下去。书就像微波,从内向外震荡着我们的心,徐徐地加热,精神分子的结构就改变了,成熟了,书的效力凸显出来。

读书的女人,更善于倾听,因为书训练了她们的耳朵,教会了她们谦逊。知道这世上多聪慧明达的贤人,吸收就是成长。

读书的女人,更乐于思考。因为书开阔了她们的眼界,拓展了原本纤细的胸怀。明白世态如币,有正面也有反面。一厢情愿只是幻想。

读书的女人,更勇于决断。因为书铺排了历史的进程,荟萃了英雄的业绩。懂得万事有得必有失,不再优柔寡断贻误战机。

读书的女人,更充满自信。因为书让她们明辨自己的长短,既不自大,也不自卑。既然伟人们也曾失意彷徨,我们尽可以跌倒了再爬起来,抖落尘灰向前。

读书的女人,较少持续地沉沦悲苦,因为晓得天外有天乾坤很大。读书的女人,较少无望地孤独惆怅,因为书是她们招之即来永远不倦的朋友。读书的女人,较少怨天尤人孤芳自赏,因为书让你牢记个体只是恒河沙粒沧海一粟。读书的女人,较少刻毒与卑劣,因为书中的光明,日积月累浸染着节操鞭挞着皮袍下的“小”……

“淑”字,温和善良美好之意。好书对于女人,是家乡的一方的绿色水土。离了它,你自然也能活。但与书隔绝的日子,心无家园。半生过下来,女人就变得言语空虚眼神恍惚心地狭窄见识短浅了。

淑女必书女。

我眉飞扬

眉毛对人并不是非常重要的。我之所以这么说，是因为人如果没有了眉毛，最大的变化只是可笑。脸上的其他器官，倘若没有了，后果都比这个损失严重得多。比如没有了眼睛，我说的不是瞎了，是干脆被取消掉了，那人脸的上半部变得没有缝隙，那就不是可笑能囊括的事，而是很可怕的灾难了。要是一个人没有鼻子，几乎近于不可思议，脸上没有了制高点，变得像面饼一样平整，多无聊呆板啊。要是没了嘴，脸的下半部就没有运动和开阖，死板僵硬，人的众多表情也就没有了实施的场地，对于人类的损失，肯定是灾难性的。流传的相声里，有理发师捉弄顾客，问："你要不要眉毛啊？"顾客如果说要，他就把眉毛剃下来，交到顾客手里。如果顾客说不要呢，他也把顾客的眉毛剃下来，交到顾客手里。反正这双可怜的眉毛，在存心不良的理发师傅手下，是难逃被剃光的下场了。但是，理发师傅再捣蛋，也只敢在眉毛上做文章，他就不能问顾客，"你要不要鼻子啊？"按照他的句式，再机灵的顾客，也是难逃鼻子被割下的厄运。但是，他不问。不是因为这个圈套不完美，而是因为即使顾客被套住了，他也无法操作。同理，脸上的眼睛和嘴巴，都不能这样处置。可见，只有眉毛，是面子上无足轻重的设备了。

但是，也不。比如我们形容一个人快乐，总要说他眉飞色舞，说一个男子英武，总要说他剑眉高耸，说一个女子俊俏，总要说她蛾眉入鬓，说到待遇的不平等，总也忘不了眉高眼低这个词，还有柳眉倒竖眉开眼笑眉目传情眉头一皱，计上心来……哈，你看，几乎在人的喜怒哀乐里，都少不了眉毛的份。可见，这个平日只是替眼睛抵挡下汗水和风沙的眉毛,在人的情感词典里,真是占有不可忽视的位置呢。

我认识一位女子,相貌身材肤色连牙齿,哪里长得都美丽。但她对我说,对自己的长相很自卑。我不由得又上上下下左左右右地将她打量了个遍,就差没变成一架 B 超仪器,将她的内脏也扫描一番。然后很失望地对她说,对不起啦,我实在找不到你有哪处不够标准?还请明示于我。她一脸沮丧地对我说,这么明显的毛病你都看不出,你在说假话。你一定是怕我难受,故意装傻,不肯点破。好吧,我就告诉你,你看我的眉毛!

我这才凝神注意她的眉毛。很粗很黑很长,好似两把炭箭,从鼻根耸向发际……

我说,我知道那是你画了眉,所以也没放在心里。

女子说,你知道,我从小眉毛很淡,而且是半截的。民间有说法,说是半截眉毛的女孩会嫁得很远,而且一生不幸。我很为眉毛自卑。我用了很多方法,比如人说天山上有一种药草,用它的汁液来画眉毛,眉毛就会长得像鸽子的羽毛一样光彩颀长,我试了又试,多年用下来,结果是眉毛没见得黑长,手指倒被那种药草染得变了颜色……因为我的眉毛,我变得自卑而胆怯,所有需要面试的工作,我都过不了关,我觉得所有考官都在直眉瞪眼地盯着我的眉毛……你看你看,直眉瞪眼这个词,本身就在强调眉毛啊……心里一慌,给人的印象就手足无措,回答问题也是语无伦次的,哪怕我的笔试成绩再好,也惨遭淘汰。失败的次数多了,我更没信心了。以后,我索性专找那些不必见人的工作,猫在家里,一个人做,这样,就再也不会有人见到我的短短的暗淡的眉毛了,我觉得安全了一些。虽然工作的薪水少,但眉毛让我低人一等,也就顾不了那么多了。

我吃惊道,两根短眉毛,就这样影响你一生吗?

她很决绝地说,是的,我只有拼力弥补。好在商家不断制造出优等的眉笔，我画眉的技术天下一流。每天，我都把自己真实的眉毛隐藏起来，人们看到的都是我精心画出的美轮美奂的眉毛。不会有人看到我眉毛的本相。只有睡觉的时候，才暂时地恢复原形。对于这个空当，我也做了准备，我设想好了，如果有一天我睡到半夜，突然被火警惊起，我一不会抢救我的财产，二不会慌不择路地跳楼，我要做的最重要的一件事，就是掏出眉笔，把我的眉毛妥妥帖帖画好，再披上一条湿毛毯匆匆逃命……

我惊讶得说不出话来，然后是深切的痛。我再一次深深体会到，一个人如果不能心悦诚服地接受自己的外形，包括身体的所有细节，那会在心灵上造成多么锋利持久的伤害。如霜的凄凉，甚至覆盖一生。

至于这位走火也画眉的女子，由于她内心的倾斜，在平常的日子里，她的眉笔选择得过于黑了，她用的指力也过重了，眉毛画得太粗太浓，显出强调的夸张和滑稽的戏剧化了……她本想弥补天然的缺陷，但在过分补偿的心理作用下，即使用了最好的眉笔，用了漫长的时间精心布置，也未能达到她所预期的魅力，更不要谈她所渴望的信心了。

眉毛很重要。眉毛是我们脸上位置最高的饰物。(假如不算沧桑之刃在我们的额头上镌刻的皱纹。)一双好的眉毛，也许在医学美容专家的研究中，会有着怎样的弧度怎样的密度怎样的长度怎样的色泽……但我想，眉毛最重要的功能，除了遮汗挡沙之外，是表达我们真实的心境。当我们自豪的时候，它如鹰隼般飞扬，当我们思索的时候，它有力地凝聚。当我们哀伤的时候，它如半旗低垂，当我们愤怒的时候，它——扬眉剑出鞘……

假如有火警响起，我希望那个女子能够在生死关头，记住生命大于器官，携带自己天然的眉毛，从容求生。

我眉飞扬。不论在风中还是雨中，水中还是火中。

致被强暴的女人

在我的书案上,摆着一封女人的来信。当我撕开它的时候,心境像往日一般平和。在阅读的过程中,那些纸片像火焰一样抖动起来,炙痛了我的双眼。

这是一个五十二岁的女人,十年前她被一个男人强暴未遂,但心理留下了重创。这些年间,以泪洗面,两次自杀,以致精神分裂。她的家庭也受到种种伤害,悲惨至极……

倾听这样一位凄苦姐妹的呼救,我仰天长叹沉思良久。

对于那个肇事者,法律和纪律已经作出了应有的裁决。阅读了有关的文件,我以为它们是公正的。

我知道这位女人,还远远不是遭受此种凌辱的最甚者,更有许多悲愤的灵魂,在暗中哭泣。她们流出的不是眼泪而是心头的鲜血。

作为女人,我们从小就有一种深深的恐惧,那就是被人强暴。这恐惧像空气一样追随着我们,直到女人们垂下苍白头颅的那一天。

假如被人强暴,女人啊,我们该如何面对厄运?

在中国古老的烈女集锦里,所有的女人在被人强暴后,都以自身寻死告终。被强暴就是失却了贞节,这奇耻大辱唯有女人以生命相抵,才可在人间留下一份清白。

斗转星移,今天的时代不同了。没有人要求被强暴的女人以一死而谢天下,但女人们在这自天而降的灾变之后,依然辗转于无尽的苦难之中。

对于腐败一定要严加鞭挞,对于罪犯一定要施以峻法。我对这种丑恶的性侵犯的男人,报以刻骨铭心的仇恨。

即使将其中的罪大恶极者凌迟,被强暴的女人依然是被强暴过,这是一个无法改写的事实。

女人们,我们该怎么办?

不要怨天尤人,不要自暴自弃。

不要在流言面前退缩,不要在众人面前低下高昂的头颅。

我们无罪,我们无辜。

不要像一盘旧磁带,总去回首那屈辱惨淡的一瞬。不要像痛失孩子的祥林嫂,逢人便悲切地复诵苦难。

不要靠旁人的叹息以安慰自己受伤的心灵,不要以暴烈的自戕来证实性格的刚正。

不要为这一朵阴云,从此暗淡了原属于我们的明媚的天空。不要为这一束荆棘,从此不再求索开满鲜花的草原。

强暴可以玷污我们的身体,强暴不可折服我们的意志。

强暴可以使我们一时万念俱灰,强暴却不能使一个坚强的女性自此一蹶不振。强暴是一场悲哀的天灾人祸,有经验的老农蹲在田埂上,哭泣一阵,歇息一阵,拍拍身上的泥土,擦擦手中的农具,向远处望上一眼,他们又继续耕耘了。

假如我们被强暴,在做完惩治凶犯的一切工作之后,拭干泪水,让我们重新开始。

丢掉有关那一刻所有的记忆,让我们像新生的婴儿一般坦荡。烧毁目睹我们灾难的旧衣服,让痛苦的往事一同化为飞烟。取清凉的山泉自头顶浇下,洗涤我们每一根如丝的长发。挑选一件更美丽的裙衫,穿上它快步行走在如织的人流中。

对生活中美好的事物,被强暴过的女人依旧可以发出真诚的微笑。

对生活中黑暗的角落，被强暴过的女人依旧可以发出强烈的谴责。

女人被强暴，是生命的记录上一处被他人涂抹的墨迹。轻轻擦去就是了，我们的生命依然晶莹如玉，洁白无瑕。强暴是发生于刹那间的地震，我们需要久久地修复。但女性生命的绿色，必将覆盖惨淡的废墟。

让我们振作起来，面对强暴以及所有人为的灾难。这世上没有任何一种力量，可以强暴女性不屈的精神。

历史女人

当人们将历史拟人化的时候,通常会说"历史老人"。并没有谁特别规定过这个老人的性别。不过,所有的人不约而同联想起的——必是一位男性,面容冷峻且白发苍苍。

当二十世纪飘落,二十一世纪萌动的时刻,我想说,有一位历史女人在沉思。

她有多大的年纪了?我不知道。这并不是从西俗,而是无人知晓她的确切年龄。从人类诞生的那一天,她就存在了。少说也有几千几万岁了吧?

在过去的岁月里,她曾有过辉煌,也饱受磨难。无数的陈规陋习束缚过她,无意的忽视与有意的歧视包绕着她。她的形象被勾勒成暗淡的阴影。在历史的合唱中,她的声音是喑哑和微弱的。她被定义为低下和卑微的弱者。然而,她在不公正和不平等的境遇中,坚定顽强地生活着,繁衍哺育着人类的后代,创造发展着人类的文明。

历史女人跋涉万水千山,历经沧海桑田。可是,她不老。衡量一个女人是否老迈,不在她的生理年龄,而在她的心灵。当新的世纪来临的时刻,历史女人从来没有如此活跃和年轻过,充满蓬勃的朝气和一往无前的勇气。

历史的纹路,是男人和女人一道编结的。当我们回忆历史展望未来的时候,男人和女人肩负着共同的使命。新世纪的图案,也将由男人和女人一道描绘。

历史是男人的,也是女人的。未来是男人的,也是女人的。

女抓捕手

    参加活动，人不熟，坐车上山。雾渐渐裹来，刚才还汗流浃背，此刻寒意沁骨。和好风光连结在一起的，往往是气候的陡变。在山下开着的空调，此刻也还开着，不过由冷气改热风了。

    车猛的停下，司机说此处景色甚美，可照相，众人响应，挤挤攘攘同下。我刚踏出车门，劲风扑面呛来，想自己感冒未好，若是被激成了气管炎，给本人和他人都添麻烦，于是沮丧转回。

    见车后座的角落里，瑟缩着一个女子，静静地对着窗，用涂着银指甲油的手指，细致地抹着玻璃上凝起的哈气，半张着红唇，很神往地向外瞅着。

    我问，喜欢这风景，为什么不下去看呢?

    她回过头来，一张平凡模糊的面孔，声音却很见棱角。说，怕冷。我这个人不怕动，就怕冻。

    我打量她，个子不高，骨骼挺拔，着飘逸时装，没有一点多余的赘肉，整个身架好像是用铁丝拧成的。

    她第二次引起我的注意，是偷得会议间隙去逛商场。我寻寻觅觅，两手空空。偶尔发觉她也一无所获。我说，你为何这般挑?

    她笑笑说，我不要裙子，只要裤子。好看的裤子不多。

    我说，为什么不穿裙子呢?我看你的腿很美啊。

    她抚着膝盖说，我也很为自己抱屈。但没有办法啊。你想，我买的算是工作服。能穿着裙子，一脚把门踹开吗?

    我如受了惊的眼镜蛇，舌头伸出又缩回。把门踹开!乖乖，眼前这小女子何许人?杀人越货的女飞贼?

见我吓得不浅，那女子莞尔一笑道，大姐，我是警察。

我像个真正的罪犯那样，哆嗦了一下。

后来同住一屋，熟悉了。她希望我能写写她的工作。当然，为了保密，她做了一些技术性的处理。

她说，我是抓捕手。一般的人不知道抓捕手是干什么的，其实我一说您就明白了。看过警匪片吧，坏人们正聚在一起，门突然被撞开，外面有一人猛地扑入，首先扼住最凶恶的匪徒，然后大批的警察冲进来……那冲进来的第一个人，就叫抓捕手。我就是干那个活的。

我抚着胸口说，哦哦……今天我才知道什么叫海水不可斗量。别见笑。请问，抓捕手是一个职务还是职称？

她说，都不是。是一种随机分配。就是说，并没有谁是天生的抓捕手，也不是终身制的。但警察执行任务，和凶狠的罪犯搏斗，总要有人冲在最前头，这是一种分工，就像管工和钳工。不能一窝蜂地往里冲，瞎起哄，那是打群架……

我忍不住插话，就算抓捕手是革命分工不同，也得有个说法。像你这样一个弱女子，怎能把这种最可怕最风险的事，摊派在你头上呢？

她笑笑说，谢谢大姐这般关怀我。不过，抓犯人可不是举重比赛，讲究多少公斤级别，求个公平竞争。抓捕是没有道理可讲的。抓住就是胜利，抓不住就是流血送命。面对残酷，最主要的并不是拼力气，是机智，是冷不防和凶猛。

我说，那你们那儿的领导，老让你打头阵，是不是也有点欺负人？险境之下，怕不能讲"女士优先"！

她说，这不是从性别的考虑，是工作的需要。

我说，莫非你身藏暗器，乃一真人不露相的武林高手？

她说，不是。主要因为我是女警。

我说,你却把我搞糊涂了。刚才说和性别无关,这一会儿又有关。倒是有关还是无关?

她说,您看,刚才我跟您说我是抓捕手,您一脸瞧我不起的样子,嫌犯的想法也和您差不多。(听到这儿,想起一个词——物以类聚,挺惭愧的。)当我一个弱女子破门冲进窝点时,他们会一愣,琢磨这女人是干什么的?这一愣,哪怕只有一秒,也赢得了最宝贵的时间。狭路相逢勇者胜啊。特别当我穿着时装,画了浓妆的时候,整打他们一个冷不防……

我看看她套在高跟鞋里秀气的脚踝,说,这是三十六计中的兵不厌诈。只是你这样子,能踹开门吗?

她把自己的脚往后缩了缩,老老实实地承认,不行。

我说,那你破门的时候,要带工具吗?比如电钻什么的?

她说,您真会开玩笑。那罪犯还不早溜了?我现在不能踹开门,是因为没那个氛围。真到了一门隔生死,里面是匪徒,背后是战友,力量就迸射而出。您觉着破门非得要大力士吗?不是。人的力量聚焦到一点,对准了门锁的位置,勇猛爆发,可以说,谁都能破门而入。

我神往地说,真的?哪一天我的钥匙落在屋里时,就可以试试这招了。省得到处打电话求人。

她很肯定地说,只要你下了必胜的信心,志在必得,门一定应声而开。

我追问,进门以后呢?

她说,是片刻死一般的寂静。然后我得火眼金睛地分辨出谁是最凶猛的构成最大威胁的敌人,也就是匪徒中的"头羊",瞬间将他扑倒,让他失去搏杀的能力。说时迟那时快,战友就持枪冲了进来,大喊一声"我们是警察!"……

我打断她,说,且慢且慢。难道你不拿枪,不喊"我是警察"吗?

她非常肯定地说，我不拿枪，并且绝不喊。

我说，怎么和电影里不一样啊？

她说，那是电影，这是真拼。我如果持枪，就会在第一时间里激起敌人的警觉，对抓捕极为不利。如果我有枪，必得占用最有力的那只手，就分散了能量，无法在最短时间内，将匪首击倒。再说，既是生死相搏，胜负未卜，如果我一时失手，匪徒本无枪，此刻反倒得了武器，我岂不为他雪中送炭，成了罪人？所以，我是匹夫之勇，赤手空拳。

我说，那你不是太险了？以单薄的血肉之躯，孤身擒匪，说实话，你害怕过吗？

她缓缓地说，害怕。每一次都害怕。当我撞击门的那一瞬，头脑里一片空白。这一撞之后，生命有一段时间，将不属于我。它属于匪徒，属于运气。我丧失了我自己，无法预料，无法掌握……那是一种摧肝裂胆的对未知的巨大恐惧。

我说，你当过多少次抓捕手了？

她说，二百四十三次了。

我又一次打了哆嗦。颤声问，是不是第一次最令人恐惧？

她说，不是。我第一次充当抓捕手之前，什么都没想。格斗之后，毫发未损。按说这是一个很圆满的开端和结局。可是，犯人带走了，我坐在匪徒打麻将的椅子上，很久很久站不起来，通体没有一丝力气。瞧什么东西，连颜色形状都变了，仿佛是从一个死人的眼眶往外看。我当时以为这定是害怕的极点了，万事开头难。后来我才知道，恐惧也像缸里的金鱼一样，会慢慢长大的。

经历的风险越来越多，胆子越来越小。你一定要我回答哪一次最恐惧？我告诉你，是下一次。

我说，既然你这么害怕，就不要干了吗！

她说，我只跟你说了恐惧越来越大，还没跟你说我战胜它的力量也越来越强了。如果单是恐惧,我就坚决洗手不干了,想干也干不成了。不是,恐惧之后还有勇气。勇气和恐惧相比,总要多一点点。这就是我至今还在做着抓捕手的原因。

我叹了一口气说,你受过伤吗?

她说,受过。有一次,肋骨被打断了,我躺在医院里,我妈来看我。我以前怕她担心,总说我是在分局管户口的。我妈没听完介绍就大哭,进病房的时候,眼睛肿成一条缝。我以为她得骂我,就假装昏睡。没想到她看了我的伤势,就嘿嘿笑起来。我当时以为急火攻心,老人家精神出了毛病,就猛地睁开了眼。她笑了好一会儿才止住,说,闺女,伤得好啊。我要是劝你别干这活了,你必是不听的。但你伤了,就是想干也干不成了。伤得不算太重,养养能恢复,还好,也没破相……

伤好了以后,我还当抓捕手。当然瞒着老人家。但妈的话,对我也不是一点效力也没有。从那以后,我特别地怕刀。一般人总以为枪比刀可怕,因为枪可以远距离射杀,置人于死地。刀刺入的深度有限,如果不是专门训练的杀手,不易一刀让人毙命。不是常在报上看到,某凶手连刺了多少刀,被害人最终还是抢救过来了。

我想,枪弹最终只是穿入一个小洞,不在要害处,很快就能恢复。如果伤在紧要处,我就一声不吭地死了。死都死了,我也就没什么可怕的了。所以说枪的危害,比较可以计算得出来。但刀就不同了,它一划拉一大片,让你皮开肉绽,血肉模糊,但你还没死。那样,假如我妈看到了,会多么难过啊,我也没脸对她解释。所以,我为了妈妈,就特别怕刀,也就特别勇敢。因为在那手起刀落的时刻,谁更凶猛,谁就更有可能绝处逢生。

话谈到此,我深深地佩服面前这个貌不惊人的女警察了。我说,你为什么选择了这么一份危险的工作?

她说,我个子矮,小的时候老受欺负。我觉得警察是匡扶正义的，就报名上了警校。人们常常以为大个子的人才爱当警察，其实，不。矮个子的人，更爱当警察。因为高个子的人，自己就是自己的警察。

我说，你能教给我一两招功夫吗？比如"双龙抢珠"什么的，遇到坏人的时候，也可自卫。

我说着，依葫芦画瓢，把食指和中指并排着戳出去，做了一个在武侠电影中常常看到的手势。

她笑得开心，说您的这个姿势，像二战中盟军战俘互相示意时，打出的"V"，基本上没效力。因为中指和食指长度不同，真要同时出击，中指已点到眼底，食指还悬在半路，哪能致敌死命？真正的猛招，用的是两根相同长度的手指。

我忙问，哪两指？

女警笑笑说，大姐还真想学啊？如果不在意，我在您身上一试，诀窍您就明白了。当年我们都是这样练习的。

我忙说，好好。我很愿领教。

她轻轻地走过来，右手掌微微一托，抵住我的下颌，顶得我牙关紧扣。紧跟着，她的食指和无名指，如探囊索物般扣住了我的眼皮，不动声色地向内一旋向下一压……天啊！顿时眼冒金星眼若铜铃，如果面前有个镜子，我肯定能看到牛魔王再世。

她轻舒粉臂，放松开来，连声道，得罪了得罪了。

我揉着眼球赞道，很……好，真是厉害啊……只是不晓得要多长时间，才修得如此功夫？

她说，也不难。希望罪犯都被我们早早降伏，普通老百姓，永远不要有使用这道手艺的场合。

分手的时候，她说，能到大自然中走走，真好啊。和坏人打交道的时间长了，人就易变得冷硬。绿色好像柔软剂，会把人心重新洗得轻松暖和起来。

做自己身体的朋友

　　每个人都居住在自己的身体里面，从一出生到最后的呼吸时刻。这在谁都是没有疑义的，但我们对自己的身体知道多少？

　　尤其是女性，我们的身体不但是最贴切最亲密的房子，对大多数女性来说，还是诞育人类后代最初的温室。我们怎能不爱护这一精妙绝伦的构造？

　　我认识一位女性朋友，患了严重的妇科疾患，到医院诊治。检查过后，医生很严肃地对她说，要进行一系列的治疗，这期间要停止夫妻生活。她听完之后，一言不发扭头就走。事后我惊讶地问她这是为什么？为何不珍重自己的生命？她说，丈夫出差去了，马上要回家。如果此刻开始接受治疗，丈夫回来享受不到夫妻生活，就会生气。所以，她只有不在乎自己的身体了。

　　那一刻，我大悲。

　　女性啊，你的身体究竟属于谁？

　　早年当医生时，我见过许多含辛茹苦的女人，直到病入膏肓，才第一次踏进医院的大门。看她满面菜色，疑有营养不良，问起家中的伙食，她却很得意地告诉你，一个月，买了多少鸡，多少蛋……听起来，餐桌上盘碗还不算太拮据。那时初出道，常常就轻易地把这话放过了。后来在老医生的教诲下，渐渐长了心眼，逢到这种时候，总要更细致地追问下去。这许多菜看，吃到你嘴里的，究竟有多少呢？比如，一只鸡，你吃了哪块儿？鸡腿还是鸡翅？

　　答案往往令人心酸。持家的女人，多是把好饭好菜让给家人，自己打扫边角碎料。吃的是鸡肋，喝的是残汤。

还有更多的现代女性，在传媒广告绝色佳人的狂轰滥炸下，不满意自己身体的外形。嫌自己的腿不长，忽略了它最基本的功能是持重和行走。嫌自己的眼不大，淡忘了它最重要的功劳是注视和辨别。嫌自己的皮肤不细白，漠视它最突出的贡献是抵御风霜。嫌自己的手指不纤长，藐视了它最卓越的表现是力量与技巧……于是她们自卑自惭之后，在商家的引导下，便用种种方式迫害自己的身体，以至美容毁了容，减肥丧了命的惨事，时有所闻。

关于我们的身体——这所我们居住的美轮美奂的宫殿，你可通晓它的图纸？有多少女人，是自己的"身体盲"？

感谢中国有眼光的学者和出版家们，这两年来，翻译出版了一些有关女性身体的著作。在我手边的就有知识出版社出版的《我们的身体，我们自己——美国妇女自我保健经典》和东方出版社出版的《女性的身体——个人必备手册》。

以我一个做过医生的女性眼光来看，这两本书，做女人的，无论你多忙，也要抽空一读。或许正因为你非同寻常地忙，就更得一读。因为你的身体，是你安身立命的资本。如果你连自己的身体都不懂不爱，你何谈洞察世事，爱他人爱世界？

爱不是一句空话。爱的基础是了解。你先得认识你的身体，听懂它特别对你发出的信号。明白它的坚忍和它的极限。你的身体是跟随你终身的好朋友，在它那里，居住着你自己的灵魂。如果它粉碎了，你所有的理想都成漂萍。身体是会报复每一个不爱惜不尊重它的人的。如果你浑浑噩噩地摧残它，它就会冷峻地给你一点颜色看。一旦它衰微了，你将丧失聪慧的智力和充沛的体力，难以自强自立于世。

我希望有更多的姐妹们，当然也希望先生们，来读读这种关于身体的书。它是我们每人都享有的这座宫殿的导游图。

素面朝天

素面朝天。

我在白纸上郑重写个这个题目。夫走过来说，你是要将一碗白皮面，对着天空吗？

我说一位虢国夫人，就是杨贵妃的姐姐，她自恃美丽，见了唐明皇也不化妆，所以叫……

夫笑了，说，我知道，可是你并不美丽。

是的，我不美丽。但素面朝天并不是美丽女人的专利，而是所以女人都可以选择的一种生存方式。

看看我们周围。每一棵树、每一叶草、每一朵花，都不化妆。面对骄阳、面对暴雨、面对风雪，它们都本色而自然。它们会衰老和凋零，但衰老和凋零也是一种真实。作为万物灵长的人类，为何要将自己隐藏在脂粉和油彩的后面？

见一位化过妆的女友洗面，红的水黑的水蜿蜒而下，仿佛洪水冲刷过水土流失的山峦。那个真实的她，像有蛋壳里窒息得过久的鸡雏，渐渐苏醒过来。我觉得这个眉目清晰的女人，才是我真正的朋友。片刻前我颜色包裹的那个形象，是一个虚伪的陌生人。

脸，是我们与生俱来的证件。我的父母，凭着它辨认出一脉血缘的延续；我的丈夫，凭着它在茫茫人海中将我找寻；我的儿子，凭着它第一次铭记住了自己的母亲……每张脸，都是一本生命的图谱。连脸都不愿公开的人，便像捏着一份涂改过的证件，有了太多的秘密。所有的秘密都是有重量的。背着化过妆的脸走路的女人，便多了劳累，多了忧虑。

化妆可以使人年轻，无数广告喋喋不休地告诫我们。我认识的一位女郎，盛妆出行，艳丽得如同一组霓虹灯。一次半夜里我为她传一个电话，门开的一瞬间，我惊愕不止。惨亮的灯光下，她枯黄憔悴如同一册古老的红装书。"我不能不化妆。"她后告诉我，"化妆如同吸烟，是有瘾的。我已经没有勇气面对不化妆的我。化妆最先是为了欺人，之后就成了自欺，我真羡慕你啊!"从此我对她充满同情。

我们都会衰老。我镇定地注视着我年纪，犹如眺望远方一幅渐渐逼近的白帆。为什么要掩饰这个现实呢?掩饰不单是徒劳，首先是一种软弱。自信并不与年龄成反比，就像自信并不与美丽成正比。勇气不是储存在脸庞里，而是掌握在自己手中。化妆品不过是一些高分子的化合物、一些水果的汁液和一些动物的油脂，它们同人类的自信与果敢实在是不相干的东西。犹如大厦需要钢筋铁骨来支撑，而绝非几根华而不实的竹竿。

常常觉得化了妆的女人犯了买椟还珠的错误。请看我的眼睛!浓墨勾勒的眼线在说。但栅栏似的假睫毛圈住的眼波，却暗淡犹疑。请注意我的口唇!樱桃红的唇膏在呼吁。但轮廓鲜明的唇内吐出的话语，却肤浅苍白……化妆以醒目的色彩强调以至强迫人们注意的部位，往往是最软弱的所在。

磨砺内心比油饰外表要难得多，犹如水晶与玻璃的区别。

不拥有美丽的女人，并非也不拥有自信。美丽是一种天赋，自信却像树苗一样，可以播种可以培植可以蔚然成林可以直到地老天荒。

我相信不化妆的微笑更结洁而美好，我相信不化妆的目光更坦率而真诚，我相信不化妆的女人更有勇气直面人生。

假若不是为了工作，假若不是出于礼仪，我这一生，将永不化妆。

我爱我的性别

除极少数人以外，每个人都有一个明确的性别。这是一种先天的必然。不过，就像不是所有的人都接受他们的长相一样，很多人不爱自己的性别。

不爱自己的性别人的，是自卑的人，是不快乐的人，甚至——是悲惨的人。

细细分析，什么样的人最不爱自己的性别呢? 也就是说，是男人不爱自己是男人，还是女人不爱自己是女人呢?

我想，不用做特别周密的调查就可以发现，在不喜欢自己性别的人群当中，女人占了大多数。

我也在其中。在过去很长的一段时间内，我不喜欢自己的性别。总在想，如果有可能的话，我愿意下辈子变成男人。

当然，我的决心还不够大。如果足够大的话，我可以去做变性手术，那么这辈子就可以变成男人了。

为什么不喜欢自己的性别呢?说来话长。在我还没有性别这个概念的时候，是无所谓喜欢还是不喜欢的。就像我们没有地喜欢还是不喜欢自己的手和脚。你喜欢也罢，不喜欢也罢，它都忠实地追随着你，默默无言地为你贡献着力量，你不能把它砍了剁了。如果不出意外，你得驮着它们到生命尽头。

让我开始不喜欢我的性别的，是这个社会中的文化。它把一种弱者的荆棘之冠，戴到了女性的头上。你是一个女人，你就打上了先天的"红字"，无论你多么努力，都将堕入次等公民的行列。

在白雪皑皑的世界屋脊，我是一名用功的医生。一次，司令员病了,急需诊治。刚开始派去的都是男性,但不知是司令员的威仪吓坏了他们,还是高寒缺氧让病情复杂难愈,总之,疗效不显,司令员渐趋重笃。病上的将军火了,大发脾气道,还有没有像样的兵了?领导于是派我出这趟苦差。也许是病势沉重的司令员,在我眼里同一个瘦弱的老农没多大区别,手起针落,该怎么治就怎么治。也许是前头的治疗如同吃进了三个包子,轮到我这第四个包子的时候,幸运已然降临。总之,他渐渐地康复了。几天后,司令员终能勉强坐起,批阅文件调度军队了……深夜,他看着忙碌的我,突然长叹道,可惜啦!你是个女的。我说,女的有什么不好?司令员说,如果是个男的,我就提你当参谋。以后,兴许你能当上参谋长。可你是个女的,这就什么都瞎了……

那一刻,仿佛昆仑山万古不化的寒冰,崩入我心田。我知道了有一种与生俱来的羞辱,从此将朝夕跟随于我。无辜的我,要背负着性别这个深渊般的负数,直到永远。无论怎样努力,它都将如魔鬼般的冲抵着成绩,让我自轻自侮。前面,是透明的气囊,阻滞我步伐。上面,是透明的天花板,遮挡我飞翔……

后来,在漫长的岁月里,经过了痛苦的学习和反思,我才领悟到——我的性别是我不可分割的一部分,它无罪。

人类的性别,是人类的进化与分工,它是人类的骄傲。人为地将性别划分出高尚的和卑贱的区别,是一种偏见和愚昧。

女性,这一神圣的性别,和男性具有同样的思索与行动的能力。因此,她是平等和光荣的。她所具有的繁衍哺育后代的结构和职责,更使她辛劳和伟大。

我的性别,如同我的身体,我的大脑,我无条件地接纳它。

于是,我热爱我的性别。